中国特色社会主义经济理论丛书

History of the Theory of China's Comprehensive Balance of National Economy

中国国民经济综合平衡理论史

拓志超○著

本书得到"内蒙古财经大学学术专著出版基金"、内蒙古财经大学"中国特色社会主义政治经济理论特别专题"重点课题的资助。

经济管理出版社
ECONOMY & MANAGEMENT PUBLISHING HOUSE

图书在版编目（CIP）数据

中国国民经济综合平衡理论史／拓志超著．—北京：经济管理出版社，2019.12
ISBN 978-7-5096-6779-8

Ⅰ.①中…　Ⅱ.①拓…　Ⅲ.①中国经济—国民经济发展—综合平衡—理论研究
Ⅳ.①F124

中国版本图书馆 CIP 数据核字（2019）第 301771 号

组稿编辑：王光艳
责任编辑：魏晨红
责任印制：黄章平
责任校对：董杉珊

出版发行：经济管理出版社
（北京市海淀区北蜂窝 8 号中雅大厦 A 座 11 层　100038）
网　　址：www. E-mp. com. cn
电　　话：（010）51915602
印　　刷：三河市延风印装有限公司
经　　销：新华书店
开　　本：710mm×1000mm/16
印　　张：10.25
字　　数：185 千字
版　　次：2020 年 10 月第 1 版　　2020 年 10 月第 1 次印刷
书　　号：ISBN978-7-5096-6779-8
定　　价：68.00 元

联系地址：北京阜外月坛北小街 2 号
电话：（010）68022974　　邮编：100836

前　言

新中国成立 70 多年来，在中国经济发展取得令世人瞩目的成就、经济体量仅次于美国的时代背景下，作为一名经济学理论的学习者，在为中国取得的成就深感自豪的同时，有必要静下心来总结这期间中国经济建设中的宝贵经验，并进一步提炼，使其上升到理论层面，增强为中国特色社会主义经济理论的建立添砖加瓦的使命感。本书的理论史研究思路是确立中国经济思想在人类经济学领域应有地位、改变一直以来言经济学必谈古希腊的思维惯性、提升中国经济学的理论自信的一条有效途径。国民经济综合平衡就是这些宝贵经验中非常重要的一条。社会主义市场经济体制改革之前，国民经济综合平衡一直是我国经济运行必须遵循的原则之一，并对社会主义经济平稳健康运行发挥了极其重要的作用。但在建立社会主义市场经济体制以后，就很少甚至不再提国民经济综合平衡，相关的研究文献也骤然减少，给人造成一种假象：这一理论和传统计划经济体制一样，功成身退，不再适合继续指导我国社会主义市场经济建设的实践，在当下已经过时。但我们通常观察到的是，社会主义市场经济体制下宏观调控很多做法与国民经济综合平衡极其相似，如中央政府的经济权威，五年规划（计划）、十年发展战略等作为宏观经济管理先行，运用财政政策和货币政策等工具，实现经济总量平衡、经济结构比例协调等目标，讲求统筹规划协调发展原则等。鉴于此，本书致力于解决两个问题：一是国民经济综合平衡理论在当下是否过时，它与宏观调控的关系如何。二是探索国民经济综合平衡理论与中国古代经济平衡思想之间的关系。一般认为，我国国民经济综合平衡理论是以马克思主义为指导，是马克思的经济平衡理论即按比例发展规律中国化的成果，但在中国古代经济思想史中，我们也可以发现丰富的经济平衡思想，其具体做法与国民经济综合平衡有很多相似之处。为解决以上两个问题，本书在梳理古今中外相关研究文献的基础上，以辩证唯物主义和历史唯物主义方法论为指导，运用文献法、比较分析法以及历史归纳法等展开论证，具体如下所述。

首先，本书全面系统梳理了我国 20 世纪 40 年代至今与国民经济综合平衡理论相关的主要研究文献，分别总结了萌芽时期、形成时期、发展深化时期和转型创新时期这四个时期国民经济综合平衡理论的内涵及特点，系统回顾了中国的国民经济综合平衡理论。国民经济综合平衡理论是中国共产党在马克思主义指导下，领导中国70多年经济建设实践中正反两方面经验总结的成果，当经济发展统筹兼顾、综合平衡时，经济健康平稳发展；反之，当经济比例失调、不平衡时，经济发展就会受阻。毛泽东、陈云、李富春、薄一波、邓小平、江泽民、胡锦涛、习近平等党和国家的财经领导专家以及王学文、薛暮桥、杨坚白、马寅初、孙冶方、董辅礽、李成瑞、刘国光、尹世杰、黄达、陈共、刘鸿儒、宋则行、戴园晨、吴易风等学者，他们在马克思主义指导下，学习借鉴苏联的经验教训，并从中国国情、实际情况出发，在解决中国问题的过程中，总结提炼出了国民经济综合平衡理论，这是对中国经济发展运行中呈现的客观经济规律的总结提炼。新民主主义革命时期，共产党的财经领导专家陈云、王学文、薛暮桥等在经济管理实践中形成了对这一经济规律的最初认识和理解，为解决当时的经济问题、促进经济发展起了重要作用，为革命胜利奠定了物质基础。在社会主义改造时期及社会主义经济制度确立初期，我国财经领导人以及学者们开始自觉运用这一规律指导社会主义经济建设，在实践中及时总结经验教训，从正反两方面证实了遵循国民经济综合平衡，经济就会发展；反之，经济就会受阻甚至倒退。这个时期实践和理论的互动，形成了国民经济综合平衡理论。改革开放以来，我国更是从国家规划、宪法层面贯彻着国民经济综合平衡的思想。从实现路径上，明确将计划与市场有机结合；从内容上，由最初的强调经济总量平衡到结构平衡，由“三平衡”发展到“四平衡”、多方面平衡，不断深化和扩展其内容，更加强调总量基础上的结构平衡、动态协调。尤其“十五”时期以来，我国国民经济发展更加注重社会收入分配的平衡、国民经济与人口、资源、生态环境的平衡，为国民经济综合平衡赋予了更丰富的内涵，创新和发展了这一理论。中国70多年的经济实践有力地证明了国民经济再生产过程要遵循按比例发展规律即综合平衡规律，这是人类社会生产的首要经济规律，必须遵循这一规律是经济发展中的关键环节，是经济向前发展的基本条件和保证。国民经济综合平衡理论是动态的，是随着实践不断发展的。

其次，本书运用比较分析法将国民经济综合平衡理论与马克思的经济平衡理论、西方主流经济均衡理论、宏观调控理论以及中国古代经济平衡思想分别作比较，逐一解答提出的两个问题。平衡/均衡问题是古今中外思想家尤其是经济学家渴望给出最优答案的问题，因此对这一问题的思考是贯穿古今中外经济思想的一条主线。平衡/均衡问题的本质就是遵循按比例规律，透过现象去探究，一切平衡/均衡问题归根结底在于利益关系的平衡/均衡。对于第一个问题，本书通过比较国民经济综合平衡理论、马克思的经济平衡理论、西方主流经济均衡理论以及宏观调控理论，得出了以下结论：第一，这些理论基本上都是基于宏观经济运行层面的理论，均以社会总供求的平衡/均衡为目标，追求宏观经济运行平稳，在方式上或倡导国家计划调节，或主张利用市场价值规律，或将两种方式结合。第二，这些理论又存在很大差别，其中国民经济综合平衡理论与马克思的经济平衡理论、宏观调控理论的理论内涵是一致的，都是按比例规律的体现。马克思的经济平衡理论形成于资本主义生产方式下市场（价值规律）调节方式存在缺陷的背景下，认为未来社会是以国家自觉的计划是基本的实现方式，以消除市场价值规律调节方式的不足，尚停留在理论层面，未被实践；国民经济综合平衡理论与宏观调控论是在马克思主义指导下，在实践中不断试错，总结出的理论成果，在实现方式上都是将国家计划与市场价值规律两种调节方式相结合以达到按比例发展，因此，它们之间是继承中进一步发展的关系。国民经济综合平衡理论与西方主流经济均衡理论有着本质的区别。西方主流经济均衡理论更多关注的是经济总量平衡，很少考虑经济结构平衡，其目标是运用宏观政策熨平经济波动。但周期性经济危机的出现证明，这一理论无法从根本上解决资本主义经济失衡问题，根源于该理论回避了经济平衡背后的深层矛盾，即利益关系的平衡，而只停留在平衡的表面。同时又源于资本主义生产资料私有制及其基本矛盾，这与国民经济综合平衡理论的生产资料公有制基础存在本质区别。这也是为什么西方主流经济均衡理论发展至今，虽已形成较严谨的理论体系，在技术层面提出很多资源最优配置的理论、方法，值得学习借鉴，但却不可能也没有成为中国经济实践的理论指导。通过比较得出，国民经济综合平衡理论是运用中国特色术语描述现代经济供求平衡的命题，它既不照搬马克思主义理论，也不源于西方经济学，它是我国经济管理进程中的重要理论创造。就承继关系来说，马克思经济平衡理论的核心是社会生产按比例发展规律，要求按比例分配社会总劳动于社会再生产的各个环节、各个部门，实现方式是有计划按比例，国民经济综合平衡理论与宏观调控理论是以马克思主义为指导，是社会生产按比例规律的具体运用，在实现方式上都强调国家的计划调节。其理论本质的一致性进一步体现在理论内容上，都包含了中央政府的经济权威，以宏观政策主要包括财政政策和货币政策为主要手段，辅之以必要的行政手段，注重国家计划与市场价值规律两种调节方式相结合，目标均以达到社会总供给与总需求总量和结构的平衡，注重深层次的利益关系平衡，即国民收入分配的平衡，平衡社会经济中政府、企业、家庭、个人等利益主体的关系，最终目的是更好地满足人民的需要，以人为本。由此可得，国民经济综合平衡理论与宏观调控在学理层面上的一致性，即都是马克思的经济平衡理论中国化的表现和重要成果。宏观调控理论是国民经济综合平衡理论在新时期、新经济条件下的转型创新，二者在按比例发展规律的实现方式上存在差别，即国家计划与市场价值规律结合的方式存在差别。二者在内容上也存在差别，宏观调控在内容上随着社会经济发展与时俱进，内涵更加丰富，除了原有的经济总量和结构平衡，再生产四个环节及两大部类保持恰当比例，财政、信贷、物资、外汇综合平衡等经济领域的综合平衡，进一步扩展到更加注重经济与社会、生态环境、国防、国家安全、风险防控等其他社会系统的平衡关系。综上分析可知，国民经济综合平衡理论在当下并没有过时，而是以宏观调控理论的形式呈现，对我国社会主义经济建设继续提供理论指导。接下来，本书从历史逻辑层面，即梳理我国宏观经济管理政策的演变脉络得出：传统计划经济体制下计划的制订以国民经济综合平衡为指导原则和目标，其中物资平衡是基础，财政信贷平衡是关键，目标是实现社会总供求平衡，核心是处理好国民收入分配关系，即积累和消费的关系，其中，财政、信贷平衡日益成为国民经济综合平衡的核心和突破口。相应地，运用财政政策、信贷政策实现国民经济综合平衡日渐成为经济政策制定及学术研究的重心，这些转变进一步推动了我国计划经济体制向社会主义市场经济体制的过渡。随着现代经济学的发展，以财政政策、信贷政策为核心内容来实现国民经济平衡、协调发展就顺理成章地成为宏观调控理论的主要内容，实践中宏观经济政策的调整进一步推动了理论内容的变化。通过上述的实证考察进一步得出，国民经济综合平衡理论在当前并未过时，是以宏观调控理论在新经济条件下得到了转型创新。

本书第二个问题的解决是将国民经济综合平衡理论与中国古代经济平衡思想进行比较，系统梳理中国古代经济思想，提炼出中国古代的经济平衡思想，包括价格稳定、物资平衡、币值稳定、经济结构平衡、财政收支平衡、财富分配关系平衡以及实现经济平衡的方式等思想。这些思想具体包括单旗的子母相权论、范蠡的平粜思想、李悝的平籴思想、《管子》的轻重论、桑弘羊的平准制度、耿寿昌的常平仓制度、王莽的市平思想、刘晏的商业情报网、王安石的青苗法、苏轼的谷物自由流转、卢世荣的平准周急库、丘濬的价格报告制度等思想，主要涉及稳定物价和币值，平衡重要物资的供求；重本抑末思想则体现了封建社会自然经济形态下小农式的经济结构平衡；量入为出的封建社会历朝历代遵循的财政原则体现了朴实的财政平衡思想；晏婴的“权有无，均贫富”、孔子的“不患寡而患不均”及《管子》中主张的“贫富有度”思想，以及将这些思想付诸土地政策的做法，如董仲舒的限田思想等体现了财富分配关系的平衡；在实现经济平衡的方式上有《管子》“通轻重之权”的国家调节思想，也有司马迁“善者因之”的市场自由调节思想。这些中国古代经济平衡思想的出现证实按比例发展规律是人类社会普遍经济规律。中国古代经济平衡思想的形成有其深厚的思想土壤，即中国的传统政治及文化。中国是很早就出现了中央集权的国家，国家能否繁荣昌盛、长治久安，取决于财政、经济是否平衡、稳定，围绕这一主题，历代思想家的思考逐步深入，形成了丰富的经济平衡思想。虽然这些思想产生于自然经济为主导、商品经济尚未发展的中国古代，但其中国家调节方式为主导，并运用市场调节实现经济平衡的思想及做法对当代宏观经济管理依然有重要的启发和借鉴意义，如当代国家储备体系就是对西汉以来的均输平准思想的继承和发展。除了在思想理念上的相似性，书中将国民经济综合平衡的做法与中国古代经济平衡的思想主张作比较，也发现了很多相似之处。虽没能查找到直接的文字记录，但从具体思想理念及做法的比较中可知，国民经济综合平衡理论的很多内容都可以在中国古代经济平衡思想中找到最初表述，而有些思想要比西方经济均衡思想早得多。由此推知，国民经济综合平衡理论发扬了中国古代的优秀传统。

本书的研究结论对未来中国的社会主义经济建设具有以下启示：第一，中央政府的经济权威是实现国民经济综合平衡的关键。第二，国民经济综合平衡需更加强调“综合”的平衡，即涵盖经济与社会、人口、资源、环境的平衡，即整个生态系统的平衡；经济与国防、安全、科教文卫、民生事业的平衡，以促进人类的全面发展；经济发展的国际平衡，构建人类命运共同体。第三，在国民经济综合平衡中不断深化政府与市场关系的认识。第四，国民经济综合平衡要重视战略、战役及战术层面的衔接。第五，国民经济综合平衡理论指导中国经济建设站起来、富起来，再到强起来的事实证明，这一理论是发展经济的制胜法宝，是社会主义经济发展需要遵循的基本经济规律。

本书的创新主要体现在两个方面：第一，在理论上重新定位了国民经济综合平衡理论的地位及时代价值。首先，在比较分析的基础上，得出国民经济综合平衡理论既有别于西方主流经济均衡理论，又不完全同于马克思的经济平衡理论，它是我党、国家在经济管理进程中的重要理论创造。其次，揭开了过时论的假象。国民经济综合平衡理论在当下并未过时，而是以宏观调控的理论形式转型和创新，并在新的经济条件下继续发挥作用，指导中国社会主义经济建设实践，随着实践的发展与时俱进，这一理论是中国特色社会主义经济学的重要内容之一。最后，国民经济综合平衡理论吸收继承了中国古代的经济平衡思想，是对中国古代优秀传统的发扬光大。第二，在研究思路上，本书主要从理论史（包括实践史和学术史两个维度）梳理相关文献，考察我国国民经济综合平衡理论的演变。在此基础上，运用比较分析法，对比西方主流经济均衡理论、马克思的经济平衡理论以及中国古代经济平衡思想，解答了书中提出的两个问题。本书的研究证实，从历史的角度考察某一理论或思想的发展脉络及其当代价值的研究思路对构建中国经济学理论体系、发扬中国古代优秀传统、增强中国经济学的理论自信是一种有效路径。

本书的开展是基于对相关文献的整理，在文献获取上难免会有所遗漏，但不会影响本书的结论。在写作过程中，除使用中国知网、图书馆等平台获取相关资料外，一直得到林光彬教授的悉心指导并提供了珍贵资料，这些资料对研究的顺利进行起到了至关重要的作用。

目　录

导 论

0.1 研究背景、目的及意义

0.1.1 研究背景

0.1.1.1 国民经济综合平衡是中国宏观经济运行一贯坚持的原则和做法

党的十八届三中全会以来，我国宏观调控有了新提法，即“更加尊重市场规律，更好发挥政府作用，强调使市场在资源配置中起决定性作用和更好发挥政府作用”①，将“市场决定性作用和更好发挥政府作用作为一个有机整体，既要用市场调节的优良功能去抑制‘国家调节失灵’，又要用国家调节的优良功能来纠正‘市场调节失灵’，从而形成高效市场即强市场和高效政府即强政府的‘双高’或‘双强’格局”②。通观我国 40 多年的宏观调控实践③，经历了“计划主导”“间接调控”“政策主导”“市场决定与政府调控有机统一”的演变历程，反映出党和国家决策者对市场调节与国家计划调节二者关系的认识是随着经济实践的发展而发展的。随着对市场经济的认识和接纳程度越来越高，进一步推动了我国社会主义市场经济体制的建立和完善。所谓社会主义市场经济，首先市场经济要求市场决定资源配置，这是价值规律使然；其次我们实行的是社会主义的市场经济，这就要求必须遵循有计划、按比例发展规律，尤其在社会主义初级阶段，社会主义和市场经济相结合不是纯粹的市场经济，因此，不能单独由价值规律发挥作用，而是必须在价值规律起作用的同时，发挥有计划、按比例发展规律的作用，即将市场的决定作用与政府的宏观调控有机

---

① 曾博文. 习近平“信仰观”初探[J]. 学习月刊，2017(9).

② 程恩富. 习近平的十大战略思想[J]. 人民论坛，2013(12).

③ 时间跨度从 1978 年 12 月至今，我国学术界一般认为十一届三中全会之前没有现代经济学的宏观调控理论或思想。

结合。无论是传统的计划经济体制,还是现在的社会主义市场经济体制,都需要依靠计划和市场两种调节方式相结合来实现经济的综合平衡。国民经济综合平衡就是有计划按比例规律的体现。

按照现代经济学的表述,我国"十三五"规划纲要中宏观调控的目标是更加注重扩大就业、稳定物价、调整结构、提高效益、防控风险和保护环境,在调控工具上将以财政政策与货币政策为主体,并注重对财政与货币政策配合、预期管理和宏观审慎政策等手段的运用。这些提法虽然与之前的宏观经济管理有所不同(陈彦斌,2016),但其基本思想是一脉相承的,其中重视物价的稳定、经济结构的调整、财政政策和货币政策的运用,这些都是国民经济综合平衡理论的主要内容。当年,陈云说:"综合平衡就是按比例;按比例,就平衡了。"① 当前宏观调控的目的同样要遵循按比例规律。可见,国民经济综合平衡和宏观调控都是遵循按比例发展规律的具体体现,作为宏观经济管理范畴,二者是一脉相承的。国民经济综合平衡理论的内涵在当前依然具有重要的理论价值和启示。

0.1.1.2 理论史研究是提炼中国经济理论、构建中国经济学、重建中国经济学话语体系、增强理论自信的可行路径

中国几十年经济的高速增长,逐渐缩小着与发达国家的差距,随之而来的是学术上日益强调与西方"接轨",并发出了对"西方中心论"和西方主导的"话语体系"的挑战。中国越来越重视在国际社会中的"话语权"以及经济学话语体系的创新等问题,这已经成为我们面临的时代任务。习近平曾多次在公开场合倡议要发出中国声音,提升中国话语权。经济学界越来越多的学者意识到需要重塑中国经济理论在世界经济学中的地位,更好地服务中国经济建设。经济学在中国是舶来品,我们一直都是西方经济学的追随者,但也不乏很多构建中国自己经济学的尝试。如 20 世纪上半叶,唐庆增(1936)就做过这样的尝试,并在国际上产生了一定影响,这些尝试的具体做法是在系统梳理中国古代经济思想的基础上建立中国经济学。史学家叶坦(2014)认为,系统研究中国学术史应当是一条可行的路径,这不啻为丰富和发展经济史学与理论经济学的重要途径,也是中国特色经济学话语体系建设的创新之路。② 习近平在纪念毛泽东同志诞辰 120 周年座谈会上指出:"站立在 960 万平方公里的广袤土地上,吸吮着中华民族漫长奋斗积累的文化养分,拥有 13 亿中国人民聚

① 陈云 . 陈云文选(第 3 卷)[M]. 北京:人民出版社,1995.

② 叶坦 . 重写学术史与"话语体系"创新[J]. 经济学动态,2014(10).

合的磅礴之力，我们走自己的路，具有无比广阔的舞台，具有无比深厚的历史底蕴，具有无比强大的前进定力。中国人民应该有这个信心，每一个中国人都应该有这个信心。我们要虚心学习借鉴人类社会创造的一切文明成果，但我们不能数典忘祖，不能照抄照搬别国的发展模式，也绝不会接受任何外国颐指气使的说教”。[①]而“文化自信，是更基础、更广泛、更深厚的自信。在五千多年文明发展中孕育的中华优秀传统文化，在党和人民伟大斗争中孕育的革命文化和社会主义先进文化，积淀着中华民族最深层的精神追求，代表着中华民族独特的精神标识”。[②]在构建中国特色社会主义政治经济学，总结中国建国70多年经济建设宝贵经验的时代任务的感召下，笔者认为有必要对国民经济综合平衡理论进行理论史的研究。所谓的理论史既包括了关于这一理论的学术史，同时还要考察这一理论的实践史，可谓是总结中国经验、构建中国经济学理论体系的一种尝试，也是充实中国经济管理理论体系的一种可行路径。

0.1.1.3 挖掘中国古代优秀传统，重新定位国民经济综合平衡理论

中国经历了新民主主义革命、社会主义计划经济体制和社会主义市场经济体制，经济持续了长时期的中、高速增长，取得了令人瞩目的成就。这些成就的取得是在特定经济理论的指导下实现的，因此这些理论就构成了中国经济学理论体系的主要内容，国民经济综合平衡理论就是其中最重要的一条。吴易风（1996）指出“综合平衡理论是陈云留下的珍贵的经济理论遗产”。[③] 然而当下学术界专门研究这一理论的文献却凤毛麟角，貌似这一理论形成于计划经济体制下，并成为这一时期遵循的主要原则，随着计划经济向社会主义市场经济体制转变，国民经济综合平衡理论已经过时。平衡或均衡是贯穿整个西方主流经济思想的一条主线，从新古典到凯恩斯、从瓦尔拉斯一般均衡到马歇尔局部均衡，再到真实商业周期模型和随机动态一般均衡模型，其本质都是希望社会总供求保持一致，即均衡。即使期间出现了经济非均衡分析，但其分析仍然是在一般均衡框架下进行，可以看成广义的一般均衡范畴。在马克思主义经济学中，平衡同样也是一条主线，在这里表述为按比例发展规律，遵循这一规律发展，就实现了平衡。可见，平衡/均衡是经济学领域的永恒主题。在中国古代经济思想中，我们同样可以发现很多经济平衡思想，最具代表性的要数轻重理论，这一思想在很多具体内容上，与国民经济综合平衡理论非常相

①② 习近平告诉你为什么中华民族最有理由自信[EB/OL]. 人民网，http://m.people.cn/n，2013-12-26.

③ 吴易风. 综合平衡理论——珍贵的经济理论遗产[J]. 高校理论战线，1996(5).

似。本书所研究的国民经济综合平衡理论一般被认为是马克思的经济平衡理论与中国经济实践相结合的产物,其本质是社会生产按比例发展规律中国化的体现。除此之外,本书认为,这一理论与中国古代经济平衡思想的优秀传统之间应该有联系。基于上述考量,笔者系统梳理了国民经济综合平衡理论的相关文献,总结提炼这一理论的特点及内涵,同时梳理了中国古代经济平衡思想、西方主流经济均衡理论以及马克思的经济平衡理论,并与国民经济综合平衡理论分别进行比较分析,探析它们之间的关系,一方面重新定位国民经济综合平衡理论并发现这一理论的时代价值,另一方面试图发扬中国古代经济思想中的优秀传统。

0.1.2　研究目的及意义

0.1.2.1　研究目的

本书研究出于两个目的展开:一是系统梳理我国国民经济综合平衡理论的相关研究文献,总结提炼这一理论的理论内涵及特点,论证国民经济综合平衡理论在当下并未过时,而是以宏观调控理论的形式得以转型和创新。同时证明这一理论既不同于西方主流经济均衡理论,也不完全同于马克思的经济平衡理论,它是我们党和国家经济管理实践中的重要理论创造,是中国经济学理论体系的重要内容之一。二是系统梳理中国古代经济平衡思想,通过比较国民经济综合平衡与中国古代经济平衡的一些具体做法,发掘国民经济综合平衡理论对中国古代优秀传统的继承,为进一步发扬中华文明的优秀传统、提升中国经济学理论自信提供证据。

0.1.2.2　研究意义

(1)理论意义。一是在系统梳理国民经济综合平衡理论的萌芽、形成、发展和深化四个时期的相关文献的基础上,总结提炼这一理论的理论内涵,从学理层面和历史逻辑层面分别论证了国民经济综合平衡理论与宏观调控理论的一脉相承的关系,揭开了国民经济综合平衡理论在社会主义市场经济条件下已经过时的假象,重新定位了国民经济综合平衡理论是中国宏观经济管理实践中的重要理论创造,仍然具有重要的时代价值。

二是通过比较中国古代经济平衡思想与国民经济综合平衡理论,得出国民经济综合平衡理论发扬了中国古代优秀传统的结论。这一探索对提炼中国经济理论、提升理论自信、发扬中国古代优秀传统、重塑中国经济学地位是一种非常有益的尝试。

(2)现实意义。首先,本书研究的国民经济综合平衡理论是我国社会主义宏观经济运行实践的经验总结,当下依然具有重要的时代价值,对未来中国特色社会主义经济建设的实践将继续发挥指导作用。

其次,本书是基于包括实践史和学术史在内的理论史的研究视角展开,在对古今中外相关研究做系统梳理比较的基础上,重新认识定位了国民经济综合平衡理论的地位和价值,这一研究过程及方法对创新中国经济理论,构建中国特色社会主义经济理论体系是一种有益尝试。

最后,本书的研究过程对理论经济学的教学具有重要的启发意义。笔者通过梳理古今中外相关文献,形成了对国民经济综合平衡理论及宏观调控理论的全面认识和理解,将这一研究过程及研究成果结合到理论经济学的课堂教学中,可以更好地引导学生全面、客观认识经济学理论,进而引导学生突破"言经济学必谈古希腊"的传统思维定式。通过更多地发掘中国古代经济思想的宝库,古今中外比较分析,可以将这种理论自信引进课堂,有利于增强师生在讲授和学习中的理论自信。

0.2 相关概念界定

0.2.1 "平衡"与"均衡"

《辞海》中认为"均衡"即"平衡",指矛盾暂时的相对的统一或协调。平衡或均衡是事物发展稳定性和有序性的标志之一,是相对的,它与不平衡相反相成、相互转化。在汉语中"均""衡"都是"平"的意思,从这点来看,"平衡""均衡"含义相同。平衡或均衡是贯穿经济学领域的一条重要的主线,并且是经济学具备科学特质的重要基础。本书中的平衡(Balance)与西方经济学中的均衡(Equilibrium)在经济学领域通常认为是通用的,一般都是指供给和需求相一致,但对于不同经济学流派,二者又有很大差别。有研究就认为在马克思那里应该是"平衡",主要用于宏观经济分析,而在西方经济学中应该是"均衡",既包括微观均衡,又包括宏观均衡。笔者不赞同这种说法。马克思的经济学以生产过程为联系纽带,将宏观、微观统一研究,平衡问题也应是宏观、微观的统一。

马克思主义者对"平衡"内涵的界定。马克思从矛盾论角度认为,平衡是矛盾运动的一种状态,是矛盾的两方面共存、斗争及融合,平衡是相对的、有条件的,"平衡总是以什么东西要平衡为前提,就是说,协调始终是消除不协调的那种运动的结果”,[①]运用到经济学中,就是经济运行中通过实现平衡的手段消除不平衡因素,最终实现经济的平衡。这种平衡是相对的,正如恩格斯指出的,平衡是暂时状态,是相对的,在自然界和人类社会中都适用,是推动事物发展的条件。经济的发展也是经历平衡—不平衡—平衡的发展路径。马克思进一步将平衡与人类社会发展价值联系起来,认为资本主义社会存在一系列不平衡,根源是资本主义基本矛盾,通过共产主义取代资本主义,实现不平衡到平衡的转变,实现人的全面自由发展。

列宁更多地关注不平衡规律,并指出“经常地、自觉地保持平衡,实际上就是计划性”,[②]这就道出了保持经济平衡的内在要求是要通过计划,自觉做到经济平衡,而不能单纯依靠价值规律自发作用来实现。列宁的这一论断对中国社会主义经济建设具有重要指导作用。

苏联著名的马克思主义经济学家布哈林认为,平衡普遍存在于自然界和人类社会。就系统自身来说,平衡就是指系统的自我保持,“某种系统如果不能自动(即没有从外面加给它的能)改变自身状态,我们就说它处于平衡状态”;[③]从系统与外部事物来说,平衡就是适应,“与其他事物相适应的事物,能够同这种事物一起长期生存下去”的状态,即事物之间共存同荣,体系内部诸要素以及体系之间是一种恰到好处、协调的关系。绝对的、稳定的静态平衡是不存在的,平衡是发展的,任何事物的运动都沿着平衡—平衡的破坏—新的平衡的路径进行。

中国的马克思主义者毛泽东从矛盾运动中理解平衡,认为平衡就是“矛盾的暂时的相对的统一”,[④]这种统一是暂时的,平衡也是暂时的、相对的。但这种平衡很重要,体现在经济领域,就是要使各个部门保持恰当比例关系,使国民经济综合平衡。邓小平提出的“两手抓,两手都要硬”、江泽民的“三个代表”、胡锦涛的科学发展观以及习近平的新发展理念等都是对平衡在不同时期的表述。

关于“均衡”的内涵。现代西方的均衡,最初是将均衡绝对化,认为均衡是永恒的、无条件的,否认矛盾和斗争。如英国的斯宾塞认为,均衡是普遍的,进化是以均衡的方式进行的,对立面的普遍依存是均衡的主因,自然界和人类都在朝着均衡的方向进化,但其均衡是为资本主义制度完善辩护的。西方经济

① 马克思,恩格斯.马克思恩格斯全集(第20卷)[M].北京:人民出版社,1973:604.
② 列宁.列宁全集(第3卷)[M].北京:人民出版社,1996:566.
③ 布哈林.历史唯物主义理论[M].北京:人民出版社,1983:76.
④ 毛泽东.毛泽东选集(第5卷)[M].北京:人民出版社,1977:375.

学中的“均衡”是借用物理学上的一个概念，物理学意义的均衡是指作用于某一系统的诸种对立力量处于均势时的状态，即均衡状态时，各种力量相互抵销，也就没有了改变系统运行状态的力量或倾向。“均衡”在《萨缪尔森辞典》中解释为经济中的各种对立的变化的经济力量处在一种均衡静止、不再变化的状态，这时的价格和数量正好使购买者和供应者愿望一致。最早将均衡理念引入经济问题分析的尝试者可以追溯到法国经济学家古诺，他虽然没有明确使用“均衡”一词，但却运用均衡分析方法分析了厂商追求利润最大化的经济行为。瓦尔拉斯开创的一般均衡分析认为，一般均衡一方面是指各种经济力量相互作用、相互依存所达到的普遍的和谐状态，另一方面是指各种经济变量不再具有变动趋势的普遍最佳状态。① 马歇尔明确使用了“均衡”一词，开创了局部均衡分析的先河，即分析局部市场供给与需求相等时均衡价格、均衡产量的决定问题，将古典经济学供给自动等于需求的思想运用以更加精确的形式阐释出来，同时避免了一般均衡只停留在理论层面的缺陷，将均衡运用于市场资源配置最优化的分析中。之后，阿罗、德布鲁等在马歇尔局部均衡基础上，对瓦尔拉斯一般均衡理论进一步发展，使其在数理形式上更加完备，并成为西方经济学的主流分析范式。凯恩斯宏观经济学则是在有效需求不足进而引起非充分就业的背景下出现的，其面临的经济形势是市场非出清，这是违背瓦尔拉斯一般均衡适用条件的，因此被称为非均衡宏观经济学。为了统一马歇尔均衡分析为主导的微观经济学与凯恩斯的非均衡宏观经济学，希克斯、汉森提出了 IS-LM 模型，自此开始了非均衡分析。非均衡分析是在既定偏好约束条件下探求经济主体的最优选择，究其本质，仍是在寻求一种均势状态，因此又被称为“广义均衡分析”。

通过“平衡”“均衡”内涵的梳理可知，“平衡”“均衡”在本质上都是“按比例规律”的表述。本书认为，按比例规律是指将社会总劳动(资源)按比例分配于社会生产各个环节以及国民经济各个部门，方能实现国民经济的平稳运行。按比例规律是贯穿于人类社会各种经济形态的普遍规律，只要存在分工，在资源约束条件下，就要遵循按比例规律，这也解释了“平衡”“均衡”具有相似内涵的缘由。马克思主义经济学的“平衡”与西方经济学的“均衡”都包含了供给等于需求之意，都认为“平衡”或“均衡”是经济发展中追求的一种理想状态和目标。也就是说，它们都在追求一种在资源约束条件下，按比例配置资源进行社会生产是最优状态，即“平衡”或“均衡”状态。但马克思主义经济学的

① 樊纲．瓦尔拉斯一般均衡理论研究[J]．中国社会科学院研究生学院学报，1985(10)．

“平衡”与西方经济学的“均衡”对按比例规律的理解深度不同,决定了“平衡”“均衡”各有侧重。“平衡”不仅包括经济总量的平衡,同时强调经济结构平衡;而“均衡”更强调数量均衡,忽视结构均衡。马克思主义经济学认为,“平衡”需要通过国家自觉地计划并结合市场价值规律的作用实现,而西方经济学家认为“均衡”可以通过市场价值规律自发作用实现,政府政策的作用是通过弥补市场的缺陷,将偏离均衡的各经济变量通过政策的作用拉回到均衡路径上。决定二者上述区别的根本原因在于价值论的区别,“平衡”以劳动价值论为基础,“均衡”则以效用价值论为基础,这决定了二者对按比例规律的认识深度不同:马克思主义经济平衡论从社会经济关系,包括所有制、财富分配层面认识“资源配置”“按比例规律”,而西方经济学的均衡理论则避开社会经济关系层面,只停留在经济现象层面认识“资源配置”。理论来源于实践,并接受实践的检验。理论对经济实践的指导效果,我们可以对比 21 世纪以来的世界经济发展格局,西方主要资本主义国家自金融危机以来一直处于经济发展缓慢、停滞甚至倒退状态,而以马克思主义经济平衡理论为指导的中国社会主义经济建设取得了举世瞩目的成就,虽然进入了经济“新常态”,但依然以较高增速运行。

综合上述分析,中国的国民经济综合平衡理论用的是“平衡”而非“均衡”,这里的“平衡”主要指经济系统内部各种矛盾以及经济系统与外部环境之间的各种矛盾相对统一的状态,其内容就可概括为国民经济综合平衡。

0.2.2 国民经济综合平衡

马克思经济学中虽有丰富、系统的国民经济综合平衡思想,但并没有明确提出这一概念。马克思主义者列宁被认为有较为系统的国民经济平衡思想,但其文献中也只看到“按比例”的提法,也没有明确使用“国民经济综合平衡”的概念。虽然我国学者对照国民经济综合平衡理论的框架,梳理了布哈林的相关思想,并为其冠名“国民经济平衡”,但他的著作中也只有“平衡论”,并没有使用“国民经济综合平衡”的说法。由此推知,“国民经济综合平衡”这一概念是中国经济实践和经济思想发展中提出来的特有概念,其由来也只能从国内相关研究文献中发掘。

0.2.2.1 “国民经济综合平衡”的提出过程

我国社会主义的经济管理专家陈云、李富春及经济学家马寅初、杨坚白等在继承马克思主义经济学的基础上,借鉴苏联的经验教训,结合中国的实际情况,在经济实践中不断探索,逐渐形成了“国民经济综合平衡”概念。

首先,这一概念孕育于新民主主义革命战争时的经济实践中。陈云在解放战争期间,就提出了"全盘筹划""适当的比例",他指出,"要使一切国营、公营企业,都能经过调查研究和全盘筹划,在统一领导、统一计划之下进行生产,军火工业,重工业,轻工业各搞多少,要有适当的比例"。① 随后又提出了"平衡","某些物资也有可能在此次涨价后不回缩,这是由于货币发行不平衡以及这些物资在供求上的特殊原因"。② 1950 年,在全国财政工作统一的背景下,陈云又提出了"财政收支不平衡","上述财政收支不平衡和收支脱节的现象,如不速求克服,则不但 1950 年的财政概算有被冲破的危险,而且由此而来的金融物价波动,将大大增加全国人民的困难"。③ 紧接着又提出了"物价平衡","我们估计了金融物价波动的危险,预筹了防备的办法,同时还必须注视在物价继续平衡之下可能产生的另一方面的情况,即物价猛跌"。④

其次,"国民经济综合平衡"的提出。1956 年,李富春在党的八大第一次会议发言中提出了"综合平衡",指出计委会"要对国民经济中互相关联的各个方面进行综合平衡和全面安排",⑤也就是说,在"成本和物价""经济和财政""工业和农业""生产和流通""积累和消费""物资供应和物资储备"等各有关方面之间要进行综合平衡和全面安排。马寅初在党的八大报告的基础上,于 1956~1957 年以"综合平衡"为题先后发表了两篇《联系中国实际来谈谈综合平衡理论和按比例发展规律》。⑥ 1959 年开始,我国学术界陆续使用"国民经济平衡"。如叶景哲和孙永德等(1959)从唯物辩证法的视角提出了实现国民经济综合平衡的一般方法,即"树立起以下三种平衡观(普遍联系的平衡观点、发展的平衡观和运动的平衡观),并以这些观点指导具体国民经济平衡工作"。⑦ 邝日安、刘国光和董辅礽(1959)提出"国民经济平衡是实现高速度发展国民经济的计划工具",⑧杨坚白(1962)用"国民经济平衡"作为标题,提出"组织社会再生产必须从实物和价值两个方面及其相互联系上进行国民经济

① 陈云. 陈云文选(1926-1949)[M]. 北京:人民出版社,1986:261.

② 陈云. 陈云文选(1949-1956)[M]. 北京:人民出版社,1986:32.

③ 陈云. 陈云文选(1949-1956)[M]. 北京:人民出版社,1986:63.

④ 陈云. 陈云文选(1949-1956)[M]. 北京:人民出版社,1986:86.

⑤ 马寅初. 再谈平衡论和团团转[J]. 北京大学学报(哲学社会科学版),1959(1).

⑥ 见 1956 年 12 月 28~29 日和 1957 年 5 月 11~12 日《人民日报》。

⑦ 叶景哲,孙永德,刘兰荣. 运用唯物辩证法,正确组织国民经济平衡工作——论国民经济综合平衡的一般方法论问题[J]. 中南财经政法大学学报,1959(7).

⑧ 邝日安,刘国光,董辅礽. 试论实现我国社会主义建设总路线中国民经济平衡工作的基本任务和原则[J]. 经济研究,1959(12).

平衡”。[①] 针对当时出现的一些概念上的争论,杨坚白(1964)明确指出“国民经济平衡”就是“国民经济的综合平衡”。他说:“国民经济平衡是指国民经济的综合平衡。……把‘综合平衡’作为国民经济的平衡来理解,可能是比较科学的。……不如在综合平衡的前边加上个限制词好一些。”[②]1979 年,刘国光发表了《关于国民经济综合平衡的一些问题》一文,正式提出了“国民经济综合平衡”。为了配合国民经济调整任务,1981 年 1 月召开了新中国成立以来规模最大的全国性国民经济综合平衡理论讨论会,这次会议上正式提出了“国民经济综合平衡理论”。此后,国民经济综合平衡理论被广泛使用,出现在很多文献中。

0.2.2.2 国民经济综合平衡理论的内涵

由最初的“综合平衡”到“国民经济综合平衡”再到“国民经济综合平衡理论”,不难看出,国民经济综合平衡理论是对中国社会主义经济建设实践经验的不断总结、反思和提炼中形成的。就其理论内涵,首先国民经济综合平衡理论是社会生产按比例发展规律中国化的生动体现。陈云于 1954 年发文提出了平衡与按比例发展的关系,指出“按比例发展的法则是必须遵守的,但各生产部门之间的具体比例,在各个国家,甚至一个国家各个时期,都不会是相同的。一个国家,应该根据自己当时的经济状况,来规定计划中应有的比例。究竟几比几才是对的,很难说。唯一的办法只有看是否平衡。合比例就是平衡的;平衡了,大体上也会是合比例的”。[③]随后,陈云(1962)在中央财经小组会议上针对当时对“积极平衡”“消极平衡”的争论,在讲话中提出了“综合平衡”,“所谓综合平衡,就是按比例;按比例,就平衡了。……按比例是客观规律,不按比例就一定搞不好”。[④] 其次,国民经济是一个有机整体,遵循按比例发展规律,需要统筹安排,处理好几个重要的比例关系,即国民经济综合平衡的内容就是要处理好几个重要的比例关系,而这些比例关系随着实践的发展,在不同时期的侧重点有所不同。1954 年,陈云提出了“农工业比例、轻重工业比例、重工业各部门比例、工业与铁路运输比例、技术力量供求比例”[⑤]关系要平衡;1956 年,李富春在党的八大第一次会议发言中指出了成本和物价、经济和财政、生产和流通、积累和消费、物资供应和物资储备之间要进行综合平衡

① 杨坚白. 论国民经济平衡和产品两重性[J]. 江汉学报,1962(10).

② 杨坚白. 关于国民经济平衡的几个争论问题[J]. 江汉学报,1964(4).

③⑤ 陈云. 陈云文选(1949—1956)[M]. 北京:人民出版社,1986:241.

④ 陈云. 陈云文选(1956—1985)[M]. 北京:人民出版社,1986:202.

和全面安排;1979 年,刘国光针对当时开始的国民经济调整,指出国民经济调整的结果是使包括农轻重比例,积累消费比例,原材料工业与加工工业比例,能源、交通运输与生产建设的比例等主要比例关系协调。再次,实现按比例发展的具体手段是要做到几个平衡:财政、信贷、物资、外汇各自平衡以及几大平衡之间综合平衡,其中,财政平衡、物价稳定的关键是物资供应的平衡,生产和需要之间的平衡。物资平衡是基础,起关键作用的是财政平衡。"我们的财政平衡是靠增产节约,不是靠发票子。"[①]也即财政平衡要依靠发展生产而不是财政赤字。最后,国民经济综合平衡理论是开放的,随着经济实践的发展,其在内容实现方式上等都在不断发展。书中国民经济综合平衡理论是关于国家通过宏观经济管理,使国民经济发展的总供求规模、比例、效益和速度相互协调的理论。在当代,国民经济综合平衡内容更加丰富,不仅包括社会再生产过程中的两大部类的综合平衡(生产、分配、交换、消费四个环节及其各自内部的综合平衡),财政、信贷、物资和外汇的平衡,经济供求总量平衡与结构平衡,还包括背后的生产力与生产关系、经济基础与上层建筑、不同群体不同阶层的利益分配格局、个人、集体与国家的财富分配格局、中央与地方、一二三产业、城乡之间、区域之间、经济与国防、经济发展与生态可持续、国内和国际市场等平衡关系。[②] 在实现方式上,更好地将市场资源配置的决定作用与政府宏观调控有机结合,充分发挥"看不见的手"和"看得见的手"积极作用。

0.2.3 理论史

一个理论的产生既是时代的需要,又是前人思想的继承和发扬,它既来源于实践,又要接受实践的检验,同时随实践的推进而不断发展演化。国民经济综合平衡理论的产生、发展和演变是一个实践和学术研究相互交融的历史。因此,本书开展的方法是关于理论的历史考察,即理论史,一方面是关于国民经济综合平衡实践的历史考察,另一方面是相关学术史的研究。所谓学术史,严格讲属于"史"。从学科角度划分,学术史是历史学一级学科下的一个分支。北京大学出版社出版的"学术史丛书"的主编陈平原在总序中写道:"所谓学术史研究,说简单点,不外'辨章学术,考镜源流'。通过评判高下、辨别良莠、叙述师承、剖析潮流,让后学了解一代学术发展的脉络与走向,鼓励和引导其尽快进入某一学术传统,免去许多暗中摸索的功夫——学术史的基本功用。"同

① 陈云. 陈云文选(1949—1956)[M]. 北京:人民出版社,1986:126.

② 林光彬,拓志超. 中国的国民经济综合平衡理论[J]. 政治经济学评论,2019(2).

时,“无论追溯学科之形成,分析理论框架之构建,还是分析具体的名家名著、学派体系,都无法脱离其所处时代的思想文化潮流。在这个意义上,学术史与思想史、文化史确实颇多牵连”。[①] 李学勤主编的《中国学术史》(2001)总序认为:“研究学术的历史,从历史的角度看学术,这就是学术史”。[②]张立文主编的《中国学术通史》(2004)总序写道:“通过考镜源流、分源别派,历史地呈现其学术延续的血脉和趋势,这便是中国学术史”。[③]余三定总结为,虽然关于学术史的表述观点不一,但学术史与思想史有着紧密联系是一致的,不存在脱离思想的“纯学术”。他进一步认为“学术史”就是关于学术研究的学术研究,即研究过往学术发展的历程。同一般研究相比,学术史将学者作为研究的对象,学者的研究背景、研究活动、研究成果和研究经验均是研究对象,甚至包括学者的治学经历、生平,学者由一般学术研究中的主体变成了研究客体。简言之,学术史就是学术对自身的发展历程进行反思、分析和研究,寻找学术发展的规律性。[④]关于学术史研究的具体方法,按照已有的研究,包括问题意识和重读经典。史学家叶坦(2014)认为,“系统研究中国学术史应当是一条可行的路径,这不啻为丰富和发展经济史学和理论经济学的重要途径,也是中国特色经济学话语体系建设的创新之路”[⑤]。笔者认为,学术史研究是在经济学领域,以经济思想史为基础,以特定问题为出发点,梳理相关学术研究资料,尤其重读经典,对某一问题的相关研究形成系统的认识,并总结其研究规律、未来研究趋势,对经济学理论的构建能够提供有力的思想依据。因此,本书以国民经济综合平衡理论为研究对象,以理论史的研究方法展开,以期对这一理论在新时代形成全新的认识,是重新定位这一理论的地位和时代价值,为构建中国经济学理论体系做的一种尝试。

0.3 文献综述

0.3.1 经济平衡/均衡的研究

我国学者对经济均衡、非均衡的研究是在西方经济学广泛引进之后的20世纪八九十年代。学者们试图用西方经济学的“均衡”理论为解决中国当时出

① 余三定. 学术史:“研究之研究”[J]. 北京大学学报(哲学社会科学版),2005(5).

②③④ 余三定. 当代学术史研究:新兴的学科[J]. 中山大学学报(社会科学版),2011(2).

⑤ 叶坦. 重写学术史与“话语体系”创新[J]. 经济学动态,2014(10).

现的一系列失衡问题提供思路,已有研究文献可以分为三个方面:一是对西方经济学中的“均衡”“非均衡”等思想作详细梳理研究,并用来解释中国出现的短缺、通货膨胀、经济增长波动以及经济体制改革等经济现象;二是集中在马克思主义经济平衡理论,探寻宏观调控的理论基础;三是集中在比较马克思主义经济平衡理论与西方主流经济学均衡理论,总结二者各自的特点,以便更好地学习借鉴。

0.3.1.1 对经济均衡、非经济均衡的研究

经济均衡一直是贯穿于经济学的一条主线,是经济学分析遵循的原则。自瓦尔拉斯创立一般均衡分析以来,经济学越来越具备科学的气质,并使一大批现代经济学家为其贡献精力和时间,使其更加精致。阿罗和德布鲁先是严格证明了瓦尔拉斯一般均衡理论,再到后来的动态随机一般均衡理论(DSGE)。而西方“非均衡分析”则产生于20世纪30年代的西方资本主义国家宏观经济经济失衡。凯恩斯开创了有效需求不足的失衡理论,并指出市场不能自动实现总供给总需求的平衡,存在非自愿失业,并引发了20世纪60年代的均衡与非均衡的争论,形成了“非均衡分析”流派。这一流派继承了凯恩斯的宏观非均衡观点,并试图为其寻找微观基础。帕廷金(1956)发展了凯恩斯有效需求不足的理论,进一步得出非自愿失业的存在源于产品市场的数量约束,而非实际工资过高;克洛尔(1965)认为劳动供求的不均衡取决于产品市场约束下的家庭决策,而非实际工资水平;莱荣霍福德(1968,1973)就价格刚性进行研究,并得出凯恩斯经济学的革命性之一体现在价格调整滞后于数量调整;巴罗与格罗斯曼(1971,1974,1976)在局部非均衡基础上进行了包括商品市场和劳动力市场在内的宏观一般非均衡分析,并建立了“收入—就业一般非均衡模型”;贝纳西(1975,1976,1982,1986)提出了“价格制定者非均衡模型”,分析了配额均衡问题。另外一些学者则通过对均衡模型的假设条件进一步放松,构建更能解释现实的模型,如格兰蒙和德瑞兹的价格浮动下的均衡模型,Negishi的非完全竞争下的均衡模型。还有一些研究者如迪克西特(1978)、柯廷顿(1980,1981)和贝纳西(1986)等,将开放经济纳入非均衡理论,建立了一系列开放经济的非均衡模型。新凯恩斯学派依据价格刚性,从微观角度论证凯恩斯主义宏观经济均衡中的非市场出清。此时,坚持均衡分析的研究也开始在均衡框架下分析非均衡现象。此外,西方结构主义学派对发展中国家经济发展的分析得出,由于发展中国家的结构刚性,价格机制在这些国家不能有效调节供求,因此市场非出清。

随着非经济均衡研究在国外以及东欧国家的广泛流行,20世纪80年代

末，贝纳西的《市场非均衡经济学》(1989)与《宏观经济学：非瓦尔拉斯分析方法导论》(1990)以及科尔内的《短缺经济学》(1986)在中国广泛传播。20世纪90年代初，中国社会科学院经济研究所和国家信息中心研究所共同发起的关于社会主义均衡与非均衡的理论研讨会，聚集了我国当时这一思想的主要研究成果，概括起来主要集中在以下几方面：①围绕均衡与非均衡概念和应用理解的差别进而引起的争论；②对均衡非均衡总量问题的实证分析；③利益和制度均衡。[①] 首先，对均衡概念的理解。樊纲(1991)在前期研究的基础上，[②]根据均衡内涵对其作了分类，囊括了几乎所有的经济均衡非均衡情况。他认为均衡是指相互对立中的任何一种势力在各种约束条件下不再具有改变现状的动机或能力。据此，经济均衡包含两重含义：一是对立势力在量上均等，即变量均等；二是对立势力此时均不具有改变现状的动机或能力，即行为确定。按照上述概念，可以对已有均衡进行归类：第一类是古典均衡，即变量均等且行为确定；第二类是非均衡，即变量不等且行为不确定；第三类为"非瓦尔拉斯均衡"，也就是科尔内的"广义均衡"，即只要行为确定且一种状态可持续，而不论变量均等与否。将经济均衡的两重内涵与现实可能情况联合起来考量，樊纲又总结出两方面的均衡概念：一方面，用变量均等定义均衡，变量不等即非均衡；另一方面，主张采取"可持续性"，即从行为特征角度定义经济均衡，又可分为可持续均衡、可持续非均衡、不可持续均衡和不可持续非均衡，其中，不可持续的两种状态，无论变量是否均等，都是过渡性状态。李晓西(1991)则提出了近似均衡论，认为瓦尔拉斯均衡与非瓦尔拉斯均衡都是以一般均衡为基础，而经济运行中近似均衡才是常态。近似均衡更类似于不确定性均衡，即经济规律发挥作用的状态的近似性。刘吉瑞(1991)认为，一般均衡学说和非均衡学说是相互兼容和补充，对配置资源都做出了贡献，未来的发展趋势是融合。费方域(1991)则对科尔内为首的社会主义短缺均衡论和以宏观计量经济学家帕蒂斯为代表的社会主义约束均衡理论进行比较分析，认为二者都是研究中央计划经济的非均衡，都是非瓦尔拉斯性质的均衡，都有向均衡调整的内在机制，在理论的具体规定以及对策建议方面存在分歧。其次，许多研究致力于运用均衡非均衡理论解决中国实际经济问题。吴晓求(1991)认为，总量均衡的"短边规则"是在分析社会主义由非均衡到均衡的事前调整，而无法解决供求

---

① 唐寿宁．社会主义经济均衡与非均衡理论研讨会综述[J]．经济学动态，1991(7)．

② 樊纲．瓦尔拉斯一般均衡理论研究[J]．中国社会科学院研究生院学报，1985(10)；樊纲．论均衡、非均衡及其可持续性问题[J]．经济研究，1991(7)．

结构不协调的问题,建议在分析社会主义经济均衡时,应当将总量关系的“短边规则”与供求结构“短边规则”结合起来,即“短边规则”又包括“总量短边均衡”和“总量—结构短边规则”,现实社会主义经济均衡形式为“总量—结构短边规则”基础上的“短缺均衡”,即实际总交易额小于总供给中的较小的量,而无法满足“自愿交换”和“效率”原则。用此理论分析当时的市场疲软可知,市场疲软并不意味“短缺均衡”的消失,其背后依然是总需求大于总供给。杨勇(1991)也分析了“短缺中的‘有效需求不足’”,认为不能将西方经济学中的有效需求直接拿来说明中国经济现象。因为当时是比较集中的计划经济,所以无法通过市场机制调节社会总供求。朱善利(1991)则认为中国市场失衡的主要因素是拟公共产品的大量存在。最后,还有研究运用均衡与非均衡分析对价格变动的原因进行了实证研究。李拉亚(1991)等对我国1965~1988年几次供求关系变动作了实证测算并分析了其原因。通过对上述文献的梳理可知,随着经济非均衡研究的深入,不断将不确定性等因素纳入这一理论中,能使其更好地解释经济现实,并用这一理论探索中国当时面临的失衡问题。但这些研究均停留在现象层面来分析非均衡问题。方绍伟(1991)则深入探讨了利益关系均衡。他将交换原则和成本—收益方法引入道德和法律中,利益客体的有限性和利益主体需要的无限性形成了经济利益关系,然后通过人们生产、分配和交换三个环节的进行,便形成了利益关系。经济均衡可以从变量和行为两方面入手,此时一部分经济学家便从行为角度研究制度均衡和制度变革问题,从而形成新制度学派,如张曙光(1997)通过研究制度的均衡与非均衡,进而研究了我国的经济体制改革。综上所述,“非均衡”并非供求失衡,而是实现市场均衡的模式和途径不再是瓦尔拉斯模式。由此可知,非均衡分析是广义的瓦尔拉斯一般均衡,实质仍是“均衡”。

总的来说,我国学者在运用均衡、非均衡分析方法研究我国的经济问题时,不仅注意到了非均衡的表象,即资源配置的失衡导致的供求失衡,运用供求均衡范式研究资源配置,还进一步因其分析非均衡背后的制度因素而注重经济利益关系均衡,从而为制度因素成为经济模型中内生化奠定了基础。

0.3.1.2 关于马克思主义经济平衡理论的研究

(1)对马克思经济平衡理论的研究。一类研究是将马克思的经济平衡理论放到包括西方主流经济学一般均衡框架下,如赵士刚(1991)将《资本论》中的经济均衡从一般到特殊“划分为三类:纯粹经济均衡、商品经济均衡、资本主义经济均衡”。[①] 第一类纯粹经济均衡可以理解为一般经济均衡。它既不同于瓦尔拉斯一般均衡,也不同于非瓦尔拉斯一般均衡,这种均衡是在不考虑市场中的一切经济主体的行为动机以及对价格的反应,甚至也不考虑价格变动的前提下,社会总劳动合理分配到每一种产品上,产品的供给正好等于社会的需要,此时,投入的总劳动与产出一致,供给和需求平衡。这是一种在高度抽象的前提下,社会总劳动的一种合理配置的均衡。这里的纯粹经济均衡就是社会生产按比例发展规律,它是一切社会化生产都需要遵循的客观规律,只要有社会分工,这一规律就会起作用。这种建立在劳动价值论基础上的纯粹经济均衡与西方经济学的均衡存在本质区别,并成为分析资本主义经济均衡的物质基础。第二类商品经济均衡则与瓦尔拉斯均衡具有相通性。由价格调整和行为人对价格调整的反应而达到供求一致的过程,在马克思那里,认为是两种含义的社会必要劳动时间都起作用,从而显现市场价值的机制。具体来说,当需求恰好可以吸收按照“这样确定”的价值的全部商品时,价格处于均衡位置,大量商品是由中等生产条件生产;当供小于求时,价格上升,导致不利生产条件生产的商品占大量;当供过于求时,市场价格由最好的生产条件的商品来调节。这种与瓦尔拉斯均衡的一致性描述分析遵循的是劳动价值论,即马克思是从个别劳动转化为社会劳动的角度展开。除了上述一致性,二者的差异也很明显。从价值论基础看,马克思的商品经济均衡以劳动价值论为基础,均衡调整的是劳动,瓦尔拉斯均衡的基础是效用价值论,均衡调整的是主观偏好。从方法看,马克思赋予均衡更多内容,包括供求总量均衡和生产条件平均量均衡,同时采取总量、增量分析法和平均分析法,瓦尔拉斯均衡则不具备这些。从均衡预测的结果看,马克思用商品经济均衡来揭示资本主义经济规律,进而揭示资本主义社会矛盾,得出资本主义经济是非均衡经济,瓦尔拉斯均衡则掩盖资本主义社会矛盾和非均衡的事实。第三类资本主义经济均衡与瓦尔拉斯均衡相通的地方在于,即超出供求相等、价格调整以及行为人做出反应三个条件,在价格调整以外介入各种因素,在更宽条件下研究供求不等的均衡。马克思的资本主义经济均衡是建立在相对人口过剩和绝对资本过剩的状态下,而资本主义生产的直接目的是追求最大的剩余价值,其结果是资本过剩与日益增加的人口过剩并存。这与凯恩斯的有效需求不足的非瓦尔拉斯均衡看法相近,但二者认识的深度是截然不同的。马克思认为,资本主义的制度刚性限制了剩余价值实现,进而导致这种非均衡最终难以回归到瓦尔拉斯均衡,资本主

① 赵士刚.《资本论》的经济均衡思想及其启示[J]. 经济学家,1992(3):79.

义经济与商品经济均衡是矛盾的,虽然战后一些政府层面改革政策的出台缓解了矛盾,但不能从根本上得到解决。

另一类研究则通过梳理马克思经济平衡理论,寻找国民经济综合平衡理论和宏观调控的理论依据。尹世杰(1983)通过梳理马克思的文献,对照中国国民经济综合平衡理论的内容,分别在马克思的著作中寻找理论依据。张朝尊等(1995)、叶祥松(1999)和汤在新(2001)等则梳理马克思的经济平衡理论,包括按比例分配劳动规律、社会再生产理论以及经济危机理论等,不仅包括总量平衡,还包括结构平衡和实物平衡,探求社会总供求的平衡,最终得出马克思的经济平衡理论是宏观调控的理论依据。还有研究对马克思社会再生产理论进一步挖掘,获得对宏观调控的启示。董辅礽(1980)利用社会总产品价值和使用价值统一以及社会总产品的生产和使用的统一原理,从社会总产品的补偿和积累角度,探讨了马克思社会资本再生产公式对宏观经济结构平衡的启示。[①] 罗季荣(1982)运用马克思社会资本再生产理论分析了我国农轻重相互关系及整个宏观经济结构平衡问题。同一时期,罗季荣进一步将非物质生产部门、商品储备、军用品或劳务等因素加入马克思社会资本再生产公式中分析宏观经济结构平衡。[②]

(2)对其他马克思主义者的经济平衡理论研究。除马克思以外,我国学者还对其他马克思主义者的经济平衡思想作了梳理研究,以期从中得到一些启示。其中将马克思的经济平衡理论继承和发展的是苏联经济学家布哈林。已有文献主要研究布哈林的平衡论和系统论(刘伟等,1989),具体包括经济哲学思想核心即动态平衡(孙国徽,2006)以及国民经济平衡思想(蔡恺民,1981;安然,2015)。布哈林作为苏联著名的马克思主义经济学家,将马克思的经济平衡理论与苏联的社会主义经济建设相结合,形成了自己的国民经济平衡发展理论。由于这一思想与斯大林时期的非均衡经济发展模式是对立的,也使他本人因此受到迫害。虽然布哈林的经济平衡理论在苏联未被重视,但苏联经济实践的失败教训印证了经济平衡思想对宏观经济政策的制定具有重要意义。因此,布哈林的经济平衡思想对我国国民经济综合平衡理论的形成以及社会主义经济实践都产生过重要影响。

(3)对马克思主义经济平衡理论与西方经济学均衡理论的比较研究。在研究马克思的均衡理论时,赵士刚(1991)从一般均衡理论的角度比较了二者

① 董辅礽. 社会主义再生产和国民收入问题[M]. 上海:上海三联书店,1980:1-96.

② 罗季荣. 马克思社会再生产理论[M]. 北京:人民出版社,1982:207-216.

的异同。在探索宏观调控的理论依据时,我国学者也经常将马克思的经济平衡理论与西方经济学均衡理论作比较。罗嗣红(1996)比较了马克思的经济平衡理论与凯恩斯的经济均衡理论,得出马克思的平衡理论强调动态平衡、总量和结构平衡以及市场机制的调节和宏观调控手段相结合。张朝尊等(1995)认为,马克思的宏观经济平衡与西方经济学的均衡都以社会总供求一致为目标,但马克思经济平衡还关注了实物平衡和结构平衡,因此马克思的经济平衡理论才是我国宏观调控的理论基础。

0.3.2 国民经济综合平衡思想的研究

虽然国民经济综合平衡的实践在20世纪40年代的革命时期已经萌芽,但对这一思想的学术研究却要晚一些,期间出现过两次研究高潮。从50年代中后期开始到"文化大革命",随着"大跃进"后国民经济调整的进行,学术界出现了关于国民经济综合平衡的第一次研究高潮,推动了这一理论的形成;随着"文化大革命"结束,国民经济面临着再次调整,70年代末至80年代中后期我国学术界掀起了国民经济综合平衡理论研究的第二次高潮,发展深化了国民经济综合平衡理论。

具体来说,这一思想来源于我国第一批社会主义经济经济管理专家陈云、王学文、薛暮桥、毛泽东、薄一波、李长春等的工作报告、经验总结及讲话稿。随着经济实践中出现的失衡问题越来越多,引起了学术界的更多关注,如20世纪五六十年代的经济学者马寅初、孙冶方、杨坚白、刘国光、岳巍、叶景哲、方秉铸、王琥生等。他们以马克思主义经济理论为指导,在学习借鉴苏联社会主义经济实践经验的基础上,从国民经济综合平衡的必要性、理论依据、方法论以及具体操作方法等方面进行探索,取得了丰富的研究成果,掀起了第一次研究高潮,推动了国民经济综合平衡理论的形成。

"文化大革命"结束后,围绕国民经济调整,如何实现综合平衡等问题展开讨论,出现了第二次研究高潮。具体来说:第一,1981年年初召开国民经济综合平衡理论讨论会,召集全国各界学者建言献策,薛暮桥(1981)、孙冶方(1981)、许涤新(1981)和沈立人(1981,1982)等发文表达了各自的观点;第二,以这次讨论会为契机,多部以"国民经济综合平衡"命名的著作出版,如尹世杰的《论国民经济综合平衡》(1981)、钱伯海的《国民经济综合平衡统计学》(1982)、刘国光的《国民经济综合平衡的若干理论问题》(1982)、李成瑞的《财政、信贷与国民经济的综合平衡》(1982)、杨坚白的《国民经济综合平衡的理论和方法论问题》(1984)、黄达的《财政信贷综合平衡导论》(1984)、于光中和苏星的《综合平衡论》(1987)等。总结这时期的研究成果,包括以下几个方面:①将国民经济综合平衡理论作为社会主义经济理论的重要组成部分,从宏观经济学的角度探索如何实现国民经济综合平衡,如薛暮桥、宋则行、孙冶方、董辅礽、戴园晨等的研究成果。②从财政、信贷、物资、外汇平衡角度探索国民经济综合平衡的路径方法的研究,推动了这一理论发展到顶峰。[①] 李成瑞(1981)、黄达(1981,1984)、戴园晨(1983)等从财政信贷平衡出发,分析货币流通对市场供求的影响,进而影响到国民经济综合平衡的实现。刘鸿儒(1981,1983,1986),陈共(1981),许毅、邓子基(1983),则聚焦财政和银行信贷平衡,探索国民经济综合平衡的方法。③从国民经济比例与发展速度角度研究国民经济综合平衡,如王梦奎(1980)、骆耕漠(1981)、洪远朋(1980)、戴园晨(1983)、苏星(1984)、宋涛(1990)。④从具体操作方法层面探索实现国民经济综合平衡的方法。如从统计学角度论证如何更好地编制国民经济平衡表(钱伯海,1984;岳巍,1988),还有学者探索将投入产出法、规划理论(余光中,1983)、目标规划(陈秉正,1985)等运用于国民经济综合平衡中。此外,还有从其他角度研究国民经济综合平衡的具体方法,如综合平衡的评价(江宏,1986)、投资的调节机制(刘志彪,1986)、价值量平衡(陆百甫,1987)等。此外,还有研究在总结历史经验的基础上(陶增骥,1981),以马克思主义经济学为基础,深化国民经济综合平衡理论的认识(罗季荣,1983;于海军,1988;董志煌,1988)。这一时期的研究进一步深化了对国民经济综合平衡理论的认识,在内容上除继续关注经济总量和结构平衡外,还开始关注平衡表象背后的深层机理,从财政的收入分配效应角度分析社会财富分配的平衡。

随着 1992 年提出建立社会主义市场经济体制,在经济实践中需要对微观经济主体放松搞活,宏观经济管理体制需要变革,在学术界,我国学者认为国民经济综合平衡作为经济规律(尹世杰,1992)在新的经济实践中应该创新发展。因此,这时的研究转向探索如何在市场经济条件下实现国民经济综合平衡(黄方正,1993)。在政界,老一辈社会主义经济管理专家继续发展国民经济综合平衡理论。陈云在探索社会主义市场经济条件下计划和市场的关系时,运用"鸟"和"笼子"的比喻,提出"鸟笼经济"思想。薄一波结合 20 多年实践经验得出,必须正确处理积累和消费的关系,之前的"二三四"的比例关系依然非常重要,并且三个比例可以略作变动。而在学术界,以"国民经济综合平衡"为题的研究文献骤然减少。就笔者掌握的文献,这一时期以国民经济综合平

① 陈东琪 . 1900—2000 中国经济学史纲[M]. 北京:中国青年出版社,2004.

衡为题或研究内容的文献集中在两个方面：一个方面从思想史的角度梳理前人相关思想，发掘其中对当前经济实践有启发意义的内容，包括了对陈云综合平衡思想的研究（常青，1998；王杰，1999；姚泽南，2002；吴易风，2005；赵世刚，2005；孙武安等，2005；黄筱荣，2006；张凤翱，2006，2013；江泰然，2009；程霖，2010；金邦秋，2010；）；对毛泽东建国后经济建设思想中综合平衡思想的研究（宋海儆，2009，2013；王家芬，2009）；对马寅初综合平衡思想研究（朱新镛，2007；蔡群起，2013）。其中，在2005年纪念陈云诞辰一百周年的讨论会上，学者们在新经济条件下重新审视了陈云综合平衡思想的当代价值。王春正（2005）结合中国宏观调控实践，充分肯定了陈云独创的"四大平衡"对落实科学发展观及宏观调控的指导意义。周小川（2005）则从币值稳定、国民经济按比例健康发展、外汇管理和积累与消费比例四个方面强调了陈云综合平衡思想的当代价值。刘国光（2005）认为陈云的综合平衡思想中贯穿了科学发展观，综合平衡就是要使各种经济关系和经济变量实现基本平衡。只有这样，才能实现发展的协调性，进而实现发展的可持续性。黄达（2005）认为陈云的综合平衡理论是现代经济的核心理论问题，具有普遍意义，我们应该珍视和发扬。这次讨论会高度肯定了综合平衡理论的当代价值，对本书的研究具有重要启示。此外，一些学位论文也选择在新经济条件下对陈云（杨尚文，2008；代月玲，2010；马建梅，2011；蒋卓，2015；谢慧，2016）、毛泽东（边媛，2008）、马寅初（蔡群起，2013）和布哈林（安然，2015）的综合平衡思想为研究主题，挖掘其当代价值。这些研究文献在一定程度上折射出，人们逐渐认识到国民经济综合平衡理论的当代价值。

另一方面，随着信息技术和大数据的出现以及广泛应用，传统计划经济体制的信息不对称弊病的解决似乎有了可行性，于是有人提出回归计划经济，实现国民经济综合平衡。马云认为，大数据让计划和预判成为可能。马云并不是最早提出这个观点的，但由于他的身份炒热了这个议题。[①] 以程恩富为首的一些学者致力于研究大数据时代，是否可以让计划经济体制取代市场经济，以解决当前的一些失衡和矛盾。鄢一龙（2017）提出了"新鸟笼经济"，这里的"新"是和当年陈云的"鸟笼经济"相比，将信息调控与传统的调控手段结合，将陈云的四大平衡思想，即财政收支、银行信贷、社会购买力与物资供应、外汇收支的平衡思想发展成为在四大平衡的基础上，加上实体经济与虚拟经济、经

① 鄢一龙．马云所说的计划经济，和陈云说的是一回事儿吗？［EB/OL］．观察者网，http://www.guancha.cn/，2017-06-17.

济发展速度与资源环境承载力之间的重大结构平衡。可见,随着科技的发展以及市场经济体制下失衡问题的不断涌现,人们对计划经济体制下发挥过重要作用的国民经济综合平衡理论日益重视起来。

通过以上文献梳理可以看出,国民经济综合平衡理论是马克思主义理论指导下,我国社会主义经济实践及相关理论探索中形成的重要理论,对指导我国社会主义经济建设发挥了重要作用。已有研究主要集中在传统计划经济体制下及改革初期,形成了全面深刻的理论体系。之后,学术界对国民经济综合平衡理论的研究数量骤减,能查阅的研究文献非常少,因而给人们造成一种假象,即形成于传统计划经济体制下的国民经济综合平衡理论在社会主义市场经济体制下已然过时。虽然也有学者(黄达,2005;李成瑞,1996;吴易风,1996;刘国光,2001)指出这一理论在当下仍有用武之地,但这些研究没有给予系统的论证。近年来,随着大数据的开发应用,有研究重提“四大平衡”,这对本书研究非常有启发。笔者以为,国民经济综合平衡理论是按比例规律中国化的具体体现,具有中国特色,其理论本质在当下依然具有重要的时代价值,有必要系统全面地梳理相关研究文献,重新定位这一理论的当代地位和时代价值。

0.3.3 中国古代经济平衡思想的研究

中国古代经济思想博大精深,挖掘其中的宝贵思想,以史为鉴,是历朝历代各界思想者非常重视的研究领域。就笔者所掌握与本书研究相关的文献可概括为以下几类:

第一类研究致力于探索中国经济思想对整个经济学的影响,如巫宝三(1989)、谈敏(1992)、叶坦(1998,2014)和林光彬(2015,2018)等。这些研究从古代中西思想交流和挖掘中国古代经济思想内容入手,并与现代经济学比较得出:中国古代经济思想对英法古典政治经济学产生过重要影响,现代经济学的思想渊源不应该只追溯到古希腊,中国古代经济思想也应该是经济学的思想渊源,中国应该被定位为“古典政治经济学”的创始国。[①]

第二类研究从宏观经济管理的角度系统梳理中国古代宏观经济管理思想。何炼成(1987,1991)总结了中国古代经济管理思想的基本特点,并将其与中国现代宏观经济管理在目标、动力、结构、分配和消费以及方针等方面进行比较。叶世昌(1988)对如何继承中国古代宏观管理思想进行辨析,并列举了

① 林光彬．我国是古典政治经济学的创始国[J]．政治经济学评论,2015(5).

值得继承的思想。石世奇(1999)将中国古代经济思想与市场经济结合,认为其中商品货币经济思想对规范市场经济、宏观调控和企业经营管理均有启发和借鉴之处。纪宝成等(2000)辨析了中国古代两种有代表性的宏观经济管理思想,即管子的轻重论和司马迁的善因论。陈宏伟(2017)结合"以人为本"的理念,梳理了中国古典宏观经济学的代表作《管子》中的宏观调控思想。通过对上述文献的梳理可知,中国古代宏观经济管理思想产生于自然经济为主导的经济形态下,一些思想虽只是停留在认识层面,未能付诸实践,但对当代中国甚至世界其他国家的宏观经济管理都有重要的启示意义。

第三类文献研究中国古代经济平衡思想。胡寄窗(1981)在其著作中指出轻重理论最能体现中国古代经济平衡思想的理论。杨敏(1989)从均衡角度梳理了中国古代宏观经济管理思想,并指出均衡是中国古代宏观经济管理所遵循的原则,这是由中国尚"中"的哲学立场所决定,它是维护中国封建集权专政统治的需要。陈国权(2009)在前人对轻重理论研究的基础上,运用现代经济学分析工具,试图重建轻重理论的均衡分析。这些文献为本书的研究提供了重要线索。

0.3.4　文献研究评述

通过对"平衡""均衡"相关研究文献的梳理可以看到,对这一主题研究所囊括的派别之广,可见一斑,究其原因,"平衡""均衡"是贯穿经济学的一条主线。经济学作为研究稀缺资源最优配置的科学,需要找到一种"最优"的衡量标准,而"均衡"就是一个被广泛接受的衡量标准,探究其本质,是社会分工条件下按比例发展规律在起作用。按照马克思的经济平衡理论,只要有社会分工,就存在配置社会总劳动时间(资源)的问题,无论是在自然经济形态为主导的简单商品经济条件下,还是资本主义商品经济,抑或是社会主义商品经济条件下,按比例规律都存在并发挥作用,只是在不同经济条件下,这一规律的具体实现方式存在差异。因此,我们就会看到西方主流经济学、马克思主义经济学以及中国古代经济思想中都有平衡或均衡思想,并且都将这一思想作为研究的主线。

已有文献分别对西方主流经济学均衡理论和马克思主义经济平衡理论以及二者的比较做了很多研究,结论是西方主流经济学的均衡分析对市场经济条件下合理配置资源有非常重要的借鉴意义;但其仅停留在经济均衡的现象层面,避开了经济均衡背后的深层原因,这一点不及马克思主义经济平衡理论。马克思主义经济平衡理论以劳动价值论为基础,以历史唯物主义和辩证唯物主义的方法论,从社会再生产总过程出发,揭示出经济平衡表象背后的经济利益关系、生产资料所有制等深层影响因素以及经济平衡规律,即按比例规律,这是人类有分工以来所要遵循的基本经济规律。马克思主义经济平衡理论进一步将有计划地自觉保持按比例规律作为未来社会经济发展的趋向,从今天的全球经济来看,无论是资本主义经济还是社会主义经济,无疑是正确的。

通过对国民经济综合平衡理论研究文献的梳理可知,这一理论是马克思主义经济平衡理论中国化的成果,已有研究形成了较为完善的国民经济综合平衡理论体系。由于这一理论形成于传统计划经济体制下,其在具体实现形式上打上了时代的烙印。随着我国社会主义市场经济体制的建立完善,在经济管理政策的提法上由宏观调控取代了国民经济综合平衡,体现在学术界为相关的文献数量骤减,给人们造成一种假象,即国民经济综合平衡理论和传统计划经济体制一样,都已经过时,进而忽略了这一理论的当代价值。因此,重新挖掘该理论的时代价值是本书研究的任务之一。

通过对中国古代经济平衡思想相关文献的梳理可知,虽然这些思想形成于自然经济形态为主导的简单商品经济条件下,但其中的经济平衡思想是中国优秀传统的集中体现,对当前的宏观经济管理有非常重要的启示意义,有很多思想值得进一步发掘。

已有文献要么是针对某一位思想家、学者的经济平衡思想展开,要么是分别对中国古代经济平衡思想、西方经济学均衡理论和马克思主义经济平衡理论的研究,又或是两两比较研究。在梳理文献时,笔者提出两个疑惑:第一,国民经济综合平衡理论作为马克思主义经济平衡理论中国化的成果,是按比例规律的体现,曾是我国计划经济体制下经济运行的经验总结和指导原则,在社会主义市场经济体制下是否真的过时?第二,国民经济综合平衡的理论基础通常认为是马克思的经济平衡理论,但在中国古代经济思想中也很多相似的思想,那中国古代经济平衡思想对这一理论有何影响?

对第一个问题,李瑞成(1996)、吴易风(1996,2000)、刘国光(2001)等在其研究中肯定了国民经济综合平衡是我国社会主义经济实践经验的宝贵财富,认为有必要发掘其价值。黄达、刘国光、周小川、项怀诚等在2005年纪念陈云诞辰一百周年暨陈云经济思想研讨会上分别从宏观调控、外汇管理、物价稳定等方面肯定了陈云综合平衡思想的时代价值,应该珍视和发扬。卢映川(2007)提出了“新综合平衡论”,认为传统综合平衡的理论内核在市场经济体制下依然适用,并且是中国经济发展的路径选择,在一定程度上论证了国民经济综合平衡理论的时代价值。党的十八大以来,伴随着对政府与市场关系的争论越来越激烈，刘国光和程恩富等在很多场合明确认为“建立社会主义市场经济体制，要尊重市场价值规律，但是不能丢掉公有制下有计划按比例发展规律”，①“市场决定资源配置是市场经济的一般规律，但社会主义经济决定资源配置是有计划按比例发展规律，需要将市场决定作用和更好发挥政府作用看作一个有机的整体。既要用市场调节的优良功能去抑制‘国家调节失灵’，又要用国家调节的优良功能来纠正‘市场调节失灵’，从而形成高效市场即强市场和高效政府，也即强政府的‘双高’或‘双强’格局”。② 这些论述对重新认识国民经济综合平衡理论具有重要启发。本书将从理论史的角度，在系统梳理国民经济综合平衡理论相关文献的基础上，从学理层面和历史逻辑两个维度，论证国民经济综合平衡理论当下没有过时，它与西方宏观经济均衡理论、马克思主义经济平衡理论都不同，是我党和国家经济管理实践中的重要理论创造。

对第二个问题，我国学者一致认为国民经济综合平衡的理论基础是马克思的经济平衡理论。笔者在梳理了中国古代经济平衡思想后，发现其中的很多思想和提法，如轻重论对物价、币值的稳定的思想，同国民经济综合平衡的很多内容极其相似，作为五千多年中华文明中的内容，二者应该是有传承关系。因此，本书试图通过比较国民经济综合平衡理论与中国古代经济平衡思想，探寻二者之间的继承关系，即国民经济综合平衡理论是以马克思主义经济平衡理论为基础和理论指导，同时又继承发扬了中国的优秀传统。

0.4 研究设计

0.4.1 研究思路及内容

0.4.1.1 研究思路

本书主要解决两个问题：第一，国民经济综合平衡理论在当下是否过时，如果没有，其当代价值体现在哪里；第二，国民经济综合平衡理论是如何继承、发扬中国古代优秀传统的。为解决这两个问题，本书主要使用文献法，分别梳理中国古代经济平衡思想、国民经济综合平衡理论、西方主流经济均衡理论和马克思的经济平衡理论，总结每种派别的平衡、均衡的思想特点。并在此基础上，运用比较分析法分别比较国民经济综合平衡理论与西方主流经济均衡思

① 刘国光．关于政府和市场资源配置中的作用[J]．当代经济研究，2014(3)．

② 刘国光，程恩富．全面准确理解市场与政府的关系[J]．毛泽东邓小平理论研究，2014(2)．

想、马克思的经济平衡理论,得出国民经济综合平衡理论既不同于西方主流经济均衡理论,也不完全与马克思的经济平衡理论相同,它是中国经济管理进程中的理论创造。在此基础上解决第一个问题。本书从学理层面和历史逻辑层面分别论证:从学理层面看,国民经济综合平衡理论与宏观调控理论都以马克思的经济平衡理论为理论依据,均是社会生产按比例规律中国化的表现,这是由社会主义经济的性质决定的,虽然二者在国家调节与市场(价值规律)调节结合的方式有差别,但它们在学理上是一致的;从历史逻辑层面看,国民经济综合平衡理论与宏观调控理论在我国社会主义经济建设实践中是一脉相承的,宏观调控理论是社会主义市场经济条件下对国民经济综合平衡理论的发展和创新。通过上述分析可得,国民经济综合平衡理论在当下不仅没有过时,而且将继续指导中国社会主义经济建设。

对第二个问题的解决,是在梳理中国古代经济平衡思想,并将国民经济综合平衡理论与之比较完成的。中国古代经济平衡思想不仅重视经济平衡的表象,包括经济总量平衡、财政平衡、物价稳定以及经济结构平衡等,更加重视平衡背后的深层次原因,如国民收入分配平衡、所有制关系平衡,这与国民经济综合平衡理论不仅要求总量平衡、结构平衡,同时重视深层次的国民收入分配平衡、利益关系平衡的要求是一致的。关于这一部分,笔者选取了几个国民经济综合平衡的具体实例与中国古代轻重理论、财政以收定支思想相比较,进一步论证了国民经济综合平衡理论是继承和发扬了中国古代优秀传统。

0.4.1.2 研究内容

根据前面提到的研究思路,本书包括以下章节:

导论部分,交代本书的背景及意义、相关概念、国内外文献综述、研究思路、研究内容、研究方法以及创新点和不足。

第 1 章,国民经济综合平衡的理论史,系统梳理我国至今 70 多年国民经济综合平衡理论的相关文献,分四个时期展开:新中国成立前夕的萌芽期、新中国成立到改革前的形成期、改革开放后至今的发展深化期和转型创新期,依次梳理社会主义经济实践家陈云、薛暮桥、王学文、毛泽东、薄一波、李富春等以及学术界马寅初、孙冶方、杨坚白、董辅礽、刘国光、尹世杰、李瑞成、黄达、钱伯海、许涤新、宋则行、邓子基、陈共等的相关研究文献,归纳提炼国民经济综合平衡的理论特点及理论内涵。

第 2 章,国民经济综合平衡理论是我国经济理论的重要创造,梳理马克思的经济平衡理论和西方主流经济均衡理论的相关研究文献,分别总结其理论特点,并与国民经济综合平衡理论相比较,得出国民经济综合平衡理论的特点,既不同于西方主流经济均衡理论,又不完全与马克思的经济平衡理论相同,它是我党和国家经济管理进程中的重要理论创造。

第 3 章,国民经济综合平衡理论并未过时,是在将国民经济综合平衡理论与宏观调控的理论及实践相比较的基础上,从学理层面和历史逻辑层面论证得出,宏观调控理论是国民经济综合平衡理论在社会主义市场经济条件下的转型创新,其理论内核在当下依然具有重要价值,从而回答了笔者的第一个疑惑。

第 4 章,国民经济综合平衡理论继承发扬中国古代优秀传统。在系统梳理中国古代经济平衡思想基础上,从社会经济表象平衡和社会财富分配平衡两个方面,总结提炼出中国古代平衡思想的特点与理论内核,在此基础上,将其与国民经济综合平衡理论作比较后,发现二者的诸多一致性,在选取了国民经济综合平衡的具体实例与中国古代的轻重论、财政平衡思想进行比较,进一步得出国民经济综合平衡理论继承和发扬了中国古代优秀传统。

第 5 章,国民经济综合平衡理论的时代价值。国民经济综合平衡理论是中国社会主义经济建设的经验总结,是我党和国家经济管理实践中的重要理论创造,是马克思主义经济学按比例规律中国化的理论成果,对未来中国宏观调控具有重要的启示意义。

0.4.2 研究方法

0.4.2.1 辩证唯物主义和历史唯物主义方法论

对每种经济平衡或均衡思想理论的分析都是从全面、发展的角度进行,并从正反两方面理解、评价,提炼各种经济平衡/均衡思想内在的特点。在梳理相关历史研究文献时,尽可能结合历史背景进行,总结提炼中国古代经济平衡思想、中国国民经济综合平衡理论、西方主流经济均衡理论及马克思经济平衡理论的内容和特点,并用这一方法论指导全书的分析。

0.4.2.2 文献法

书中主要通过查阅尽可能全面的相关研究文献,分别系统梳理古今中外关于经济平衡、均衡、宏观经济管理等方面的主要文献,并归纳、分类、总结,寻找理论素材。

0.4.2.3 比较分析法

本书大量运用比较分析方法得出相关结论。首先,比较了国民经济综合平衡与西方经济平衡/均衡理论、宏观调控理论,得出了第一个结论:国民经济综合平衡理论是我国经济管理进程中的重要理论创造。回答了书中提出的第一个问题,国民经济综合平衡理论在当代没有过时。其次,比较了国民经济综合平衡理论与中国古代经济平衡思想,回答了书中的第二个问题,国民经济综合平衡理论继承和发扬了中国古代优秀传统。本书的研究思路如图 0-1 所示。

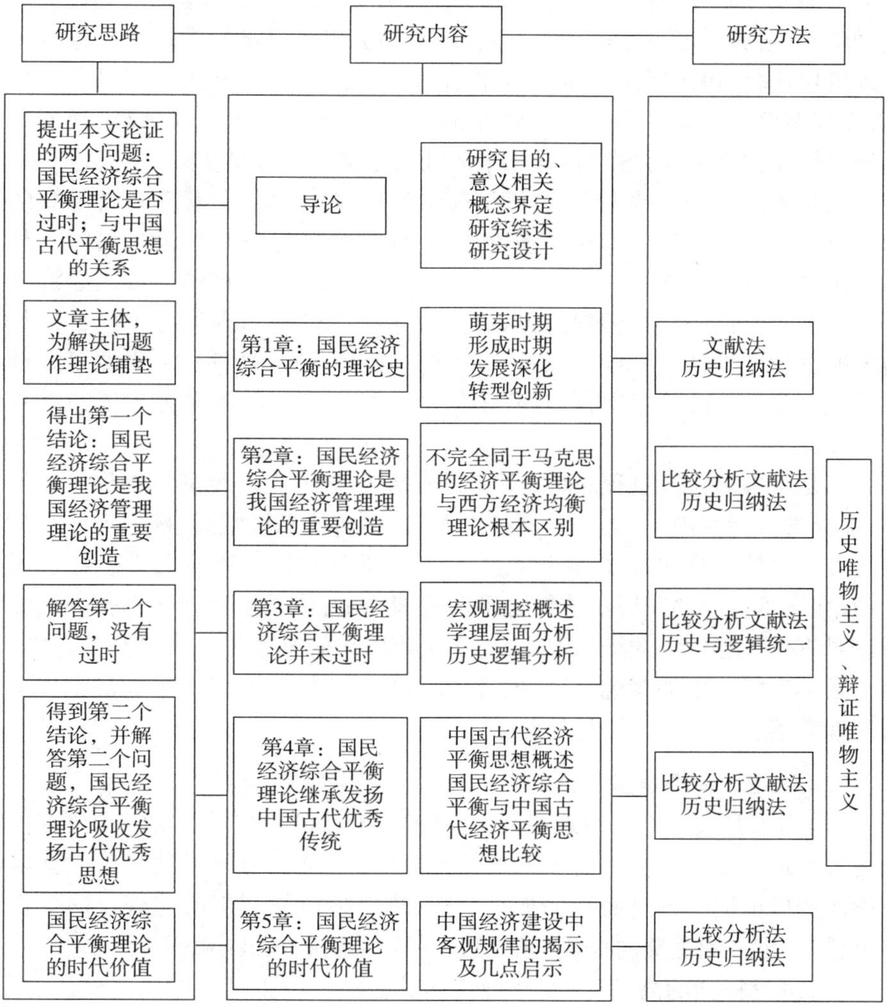

图 0-1 本书研究思路框架

0.4.3 研究创新与不足

0.4.3.1 贡献、创新

一是重新认识、定位国民经济综合平衡理论在我国社会主义市场经济条件下的地位和时代价值。通过系统梳理国民经济综合平衡理论不同时期的研究文献,并将其与西方主流经济均衡理论、马克思的经济平衡理论以及宏观调控理论作比较,得出国民经济综合平衡理论是我党和国家在马克思主义指导下,在经济管理进程中的一个重要理论创造,在当下并未过时,以宏观调控理论得以转型创新,并将继续指导未来的社会主义市场经济实践。

二是通过理论史的方法挖掘现有经济理论对中国古代优秀传统思想的继承、发扬,不失为构建中国经济理论体系、增强中国经济学理论自信的一种尝试。本书在系统梳理中国古代经济平衡思想基础上,比较中国古代经济平衡思想与国民经济综合平衡理论,探寻国民经济综合平衡理论对中国古代优秀传统的继承和发扬,显示出中国经济理论的独特优势,这种研究思路可以推广到其他经济理论的构建中,是构建中国特色社会主义经济学理论体系的有益尝试。

三是本书的研究过程及结论可以进一步转化为理论经济学课程的教学内容,引导学习者突破"言经济学必谈古希腊"的传统思维定式,提升经济学教学中的理论自信。具体来说,在讲授宏观经济学基本理论以及马克思社会再生产理论时,可以介绍国民经济综合平衡的理论史,使学生直观地感受中国经济理论对古代优秀传统的继承发扬,改变一直以来的唯西方经济学马首是瞻,从而引导学生能够更加客观、辩证地对待西方经济学,将增强中国经济学理论自信的理念落实到经济学课程的教学中。

0.4.3.2 有待继续深入

(1)本书是基于文献梳理展开,文献的可获得性及权威性决定了研究内容的视野和理论深度。鉴于文献查找的不可穷尽,难免会出现某些关键文献的漏查而造成论据的不全面。关于这一点,笔者尽可能利用所能获得的一切文献资料,力求查阅主要的权威文献,使这一缺陷限制在最小范围。

(2)理论概括的高度、深度有待长期的积淀。由于笔者的研究经历有限,理论积淀尚浅,认识问题有待不断深入透彻,在理论分析过程中不可避免地存在不够深入、系统、全面,这也将鞭策笔者在今后进行持续深入的研究。

第❶章

国民经济综合平衡的理论史

本章系统梳理新中国成立前后70多年来国民经济综合平衡相关研究文献，以时间为脉络，将其分成四个阶段：萌芽阶段（20世纪40年代至1955年）、形成阶段（1956～1977年）、发展深化阶段（1978～1992年）、转型创新阶段（1992年以后），梳理不同时期、不同背景下这一理论的具体内容，在此基础上，提炼70多年国民经济综合平衡理论的理论内核及特点。本章内容是全书主体，为后面三章进行比较分析提供了理论依据。

1.1 国民经济综合平衡理论的萌芽

这一阶段在时间上是从20世纪40年代到1956年，社会形态上属于从新民主主义革命向中国特色的社会主义过渡时期。这一阶段的最大背景是战时国民经济管理，国民经济管理主要服务于解放战争、抗美援朝。一方面是如何发展解放区经济，保障战时需要；另一方面，面对新接手的解放区和全国的解放，如何巩固战争胜利的果实，恢复经济建设，为社会主义经济制度建立奠定物质基础。在这种背景下，中国共产党的经济管理专家在管理国民经济的实践中孕育了国民经济综合平衡理论。

1.1.1 国民经济综合平衡理论的萌芽①

20世纪40年代，如何管理多种货币发行背景下的解放区经济，如何稳定经济、发展生产、保障战时供给，成为当时中国共产党占领区尖锐的政治经济主要矛盾。当时，中国共产党的经济管理专家陈云、王学文、薛暮桥等在陕甘宁边区、东北解放区和山东解放区的经济管理实践中孕育了国民经济综合平衡理论，并取得很好的效果。

① 林光彬，拓志超．中国的国民经济综合平衡理论［J］．政治经济学评论，2019（2）．

1.1.1.1 陈云在经济实践中形成统筹财政、金融、贸易，通过市场实现供求总体平衡经济发展思想

陈云的国民经济综合平衡思想在苏联学习期间和抗日战争时期就已孕育，经解放战争时期进一步探索和实践，逐步有了雏形。陈云提出了“全盘筹划”“适当的比例”①等核心概念。他指出：“要使一切国营、公营企业，都能经过调查研究和全盘筹划，在统一领导、统一计划之下进行生产……军火工业，重工业，轻工业各搞多少，要有适当的比例。”②随后又提出了“平衡”的概念。这一时期的综合平衡实践体现在他的《陕甘宁边区的财经问题》(1944)、《怎样做好财政工作》(1945)、《把财经工作提到重要位置上》(1948)、《接收沈阳的经验》(1948)③等文稿中。这一阶段，陈云先后负责陕甘宁边区和东北解放区经济的恢复和建设工作。面对物资相对匮乏、财政赤字巨大、物价波动大的战时严峻经济形势，陈云在做了大量调查后，从贸易、金融和财政三方面提出解决措施。贸易上对外统一管理，对内自由贸易；金融上控制货币发行量，充实黄金储备；财政上强调发展生产来增加财政收入，缩减开支，以增加财政积蓄；在保证粮食供应、稳定物价方面，利用粮食价格差，吸引粮食流入，避免粮食流出。这些措施的实施，使财政、贸易、金融以及粮食供应大致平衡，既保障了军民之需，又为大反攻积蓄了物质力量。这一时期的这些措施，分别从总供给和总需求两方面进行调节，基本上使总供求在经济总量上平衡，恢复了战时的经济紧平衡。这些经济实践中孕育了国民经济综合平衡的理论雏形。

随后，针对解放战争的形势，陈云在《克服财政经济的严重困难》(1949)、《目前财经工作中应注意的问题》(1949)等中提出了根本的解决之道：第一，供求平衡依靠促进生产，增加供给。“眼光要放在发展经济上。要注意节省开支，但更要注意增加收入。节流很重要，开源更重要。所谓开源，就是发展经济”。④ 第二，财政平衡依靠发展生产，增加收入。他指出：“如果赤字不大，可以用增加税收的方法，努力求得收支大体平衡，以便使经济走上健全发展的道路。”⑤第三，币值的稳定以物价稳定为基础。他说：“例如东北，随着物价由不稳定达到相对稳定，许多商业投资转到了生产领域，同时钞票的储藏性能增加了，这样，货币的周转减缓了，市场上感到筹码不足，需要增发票子。发行的结

① 陈云．陈云文选(1926—1949)[M]．北京：人民出版社，1986.

② 陈云．陈云文选(1949—1956)[M]．北京：人民出版社，1986：32.

③ 陈云．陈云文选(第一卷)[M]．北京：人民出版社，1995：282-285，286-290，370-373，374-379.

④ 陈云．陈云文选(第二卷)[M]．北京：人民出版社，1995：18.

⑤ 陈云．陈云文选(第二卷)[M]．北京：人民出版社，1995：9.

果，物价并未上涨。"①在当时物资缺乏的背景下，依靠发展生产，增加供给和财政收入的办法解决物资失衡、财政失衡以及稳定物价等问题的实践操作，为陈云的国民经济综合平衡理论形成积累了经验，丰富了内容，提供了实践的土壤。

1.1.1.2 王学文、薛暮桥提出货币发行的"物资本位"原则

王学文（1895—1985）曾任陕甘宁边区银行顾问，当时围绕"边币"和"法币"关系有很大分歧，他提出边币就是与"法币"开展斗争的武器，边币的发行必须坚持独立自主、"物资本位"的原则，即以手中掌握的物资为基础发行相应的边币，如果以"法币"为基金，则会陷入被动，也就是说，在"法币"迅速贬值的情况下，边币会遭受不应有的损失。1947 年，王学文在担任华北财经办事处、中央财经部研究室主任时，与薛暮桥一起纠正了出口物资换回法币的错误做法，主张解放区的农产品和食盐要换回必需的工业品。②

薛暮桥（1904—2005）在任中共山东分局政策研究室主任，主持新成立的工商局时，为了避免在法币严重通货膨胀中遭受损失，领导山东解放区发动了一场对法币、伪币的货币战争。薛暮桥经过调查研究提出要稳定物价，必须禁止法币在解放区流通，让北海币独立自主占领市场；同时，在接壤地区，由银行参照黑市价格和对外贸易的供求状况，灵活规定两种纸币的兑换牌价。山东分局采取了薛暮桥的意见，宣布从 1943 年 8 月起停止使用法币，山东的物价随之下落。薛暮桥认为，物价下落对人民也不利，此时正值秋收季节，谷贱伤农，于是决定增发北海币。在经过几次对货币发行量的调整，并与对敌贸易斗争中的物资吞吐紧密配合后，对敌货币斗争取得了成功。在全国陷入法币和伪币恶性通货膨胀的环境下，山东解放区的物价保持了相对稳定。薛暮桥认为，纸币是没有价值的，只是一种价值符号，流通中纸币发行量的多少会引起物价的波动。纸币的流通最终是以商品流通为基础，由商品流通决定的，流通中的商品（物资）成为了发行纸币量的决定因素。后来，一位美国经济学家在 1945 年到山东解放区访问时发现山东解放区既无黄金储备，也得不到美元、英镑的支持，在经济条件远远落后于法币、伪币流通的地区，北海币竟然战胜了法币、伪币，实现了解放区物价稳定，认为是不可思议的奇迹。薛暮桥告诉他，山东解放区采取的是"物资本位"，政府用生活必需品充当货币的发行准备，并控制货币发行量，使它不超过市场流通需要。每发行 1 万元货币，政府至少有

---

① 陈云．陈云文选（第二卷）[M]．北京：人民出版社，1995：9.

② 钱伟长．20 世纪中国知名科学家学术成就概览（经济学卷·第一分册）[M]．北京：科学出版社，2013：33-34.

5000元用来购存粮食、棉花、花生等重要物资。如果物价上升,就出售物资回笼货币,平抑物价;反之,就增发货币,收购物资。这位美国经济学家认为这是一个"新发明"。关于货币与物价的基本观点和管理框架形成后,薛暮桥将其运用到新中国成立前后的统一财经和货币稳定工作、20世纪60年代初的物价稳定政策和70年代末到80年代的反通货膨胀政策设计中,为中国宏观经济政策的制定和实施做出了杰出贡献。①

陈云、王学文、薛暮桥等在战时条件下,统筹财政、货币、贸易三大系统,通过利用多边市场实现解放区的经济总体平衡,是一种开放体系下的宏观经济平衡理论,在世界经济学思想史上具有重要的理论意义。王学文和薛暮桥提出的货币发行的"物资本位"(一篮子重要商品)理论是一项重大的金融经济学理论创新成果,在今天仍有极其重要的理论价值和现实指导意义。

1.1.2 国民经济综合平衡理论雏形的成型

中华人民共和国成立初期,国内商品供给不足、物价不稳、通货膨胀严重,"巩固财政经济工作的统一管理和统一领导,巩固财政收支平衡和物价的稳定"②是国家经济工作的总方针。陈云指出:"从一九四九年到一九五六年,我们党在经济战线上进行了三大'战役':统一经济,稳定物价;统购统销;社会主义改造从低级形式到最后完成。"③这一时期,陈云作为国家财经工作的领导人,在财经实践中形成了短期国民经济综合平衡管理的基本框架和理论雏形。1950年期间,在全国财政工作统一的背景下,陈云又提出了"财政收支不平衡"。④ 在1954年6月3日发表的《关于第一个五年计划的几点说明》中,对国民经济按比例发展问题、财政收支方案、保持购买力与商品供应之间的平衡等进行了详细阐释,包括农工比例、轻重工业比例、重工业内部比例、工业发展与运输比例、技术需要与供应的比例,初步形成了国民经济综合平衡的管理框架和理论雏形。在理论上,陈云强调了按比例发展的客观规律性必须遵循,又要因时因地、根据实际情况确定具体的比例关系,"唯一的办法只有看是否平衡。合比例就是平衡的。平衡了,大体上也会是合比例的"。⑤ 陈云结合当时中国落后的经济条件,认为平衡是一种紧张的平衡。

---

① 钱伟长. 20世纪中国知名科学家学术成就概览(经济学卷·第一分册)[M]. 北京:科学出版社,2013:155-156.

②③ 陈云. 陈云文选(第三卷)[M]. 北京:人民出版社,1995:310.

④ 陈云. 陈云文选(1949—1956)[M]. 北京:人民出版社,1986:63.

⑤ 陈云. 陈云文选(第二卷)[M]. 北京:人民出版社,1995:241-242.

总结这一时期国民经济综合平衡实践和理论的内容，主要包括财政、货币、贸易和物资四者综合平衡，农轻重产业结构的综合平衡，通过行政手段，借助经济手段和市场条件等措施实现。陈云、王学文和薛暮桥在这一时期经济实践中给出的对策，不约而同地体现了综合平衡思想。陈云注意到了贸易、财政、货币、物资供应对经济稳定和恢复的重要性；王学文、薛暮桥利用“物资本位”发行货币的思想指导实践，做到了物价稳定和供求总体平衡。可见，当时在面临相似的经济环境下，他们想到相似的对策，并且取得了成功，这些实践为国民经济综合平衡理论的形成提供了第一手的成功经验。同时，在新中国成立之初，全国财经工作逐步实现统一，这为国民经济综合平衡提供了基本条件，通过物资本位发行新货币、从总供求两方面同时采取措施实现国民经济综合平衡。这一经验对当前外汇占款过多导致的货币增发，供给侧结构性改革，提供了历史启示。

1.2　国民经济综合平衡理论的形成

这一时期起始于社会主义经济制度确立（1956 年）到改革开放前夕（1978 年），主要研究集中在 50 年代中后期到 60 年代上半期，出现了国民经济综合平衡研究的第一次高潮。和前一阶段相比，这个时期除了政界在经济实践中继续摸索，学术界也在学习借鉴苏联社会主义经济建设的理论和经验的基础上，立足中国实际情况，在马克思主义理论的指导下，将按比例发展规律中国化为国民经济综合平衡理论。

这一阶段的大背景是为了建立独立自主的国民经济体系和国防体系，我国实行计划经济体制和重工业优先发展战略。1960 年前，有苏联的援助进行国民经济建设，1960 年后中苏关系恶化，中国面临两个核大国的政治讹诈、经济封锁和军事威胁，国民经济几乎处于封闭建设的国际环境之中。

1.2.1　政界对国民经济综合平衡理论形成的贡献

1.2.1.1　毛泽东对国民经济综合平衡理论形成的总体性贡献

（1）“大跃进”前的综合平衡思想。毛泽东的综合平衡思想的形成受到当时其他中央领导的影响，是中国共产党集体智慧的结晶，其中《论十大关系》是很多次调研座谈会内容的结晶，它的突出特征是“统筹兼顾、调动各方面积极性、抓主要矛盾，协调发展”。1956 年 4 月 25 日，毛泽东在听取了 34 个部委的报告后，在总结苏联经验并立足于中国国情的基础上，形成了著名的《论十大关系》，对国民经济的综合平衡发展提出了理论上的系统思考，就新中国处理好政治经济关系，经济内部的结构性平衡关系，从整体主义和全局观出发，提出了总体性的认识框架，形成了统筹兼顾、协调发展的科学认识。

《论十大关系》具体包括了农轻重比例关系、沿海工业与内地工业的平衡关系、经济建设和国防建设的辩证关系、国家、企业和个人三者的利益关系、中央和地方的关系这几个主要的关系，同时也是当时面临的主要矛盾和任务，解决好这些矛盾，才能建设强大的社会主义国家。“（毛泽东认为）十大关系，都是矛盾。我们的任务，就是要把党内外、国内国外一切积极因素，直接的、间接的因素，全部调动起来，把我国建设成为一个强大的社会主义国家”。①

在国民经济的发展中，毛泽东突出强调从全国出发，从全体人民出发，从中国的工业化出发，进行统筹兼顾，适当安排，各种计划相互配合。1956 年 11 月 13 日，毛泽东又提出“国家预算要保证重点建设又要照顾人民生活”。② 1957 年 2 月 27 日，毛泽东在《关于正确处理人民内部矛盾的问题》中提出“工农业同时并举”“统筹兼顾、适当安排”的中国工业化和农业合作化思想。他说：“这里所说的统筹兼顾，是指对于六亿人口（当时全国总人口）的统筹兼顾。”③1957 年 10 月 9 日，毛泽东在《关于农业问题》中专门就“综合计划问题”指出：“刚才我讲的是农业计划，还有工业计划，商业计划，文教计划。工、农、商、学的综合计划，完全有必要，兜起来相互配合。”④ 1958 年 1 月，在《工作方法六十条（草案）》中，毛泽东提出研究积累和消费两个比例问题，认为这是关系到发展速度的大问题。1958 年 3 月，在《在成都会议上的讲话》中，毛泽东进一步指出，《论十大关系》中几个主比例关系是我们自己的一套内容，与苏联的做法是不同的，虽然我们和他们的指导原则是相同的。

（2）“大跃进”后的综合平衡思想。在“大跃进”运动的前期（1958 年 11 月前），毛泽东曾主张以“积极平衡”论制订经济发展计划，以实现经济、社会的快速发展，认为综合平衡是一种保守的态度，应该批评反对。随着“大跃进”运动中暴露出的问题和矛盾越来越多，此时，毛泽东果断从压缩钢产量高指标入手，调整农业和工业的发展指标，到 1959 年放弃积极平衡论，代之以综合平衡。1959 年 6 月 11 日，在《经济建设是科学，要老老实实学习》中，毛泽东进一

① 毛泽东．十大关系[J]//中共中央文献研究室．毛泽东文集（第七卷）[M]．北京：人民出版社，1999：23-44.

② 中共中央文献研究室．毛泽东文集（第七卷）[M]．北京：人民出版社，1999：159.

③ 中共中央文献研究室．毛泽东文集（第七卷）[M]．北京：人民出版社，1999：227-228.

④ 中共中央文献研究室．毛泽东文集（第七卷）[M]．北京：人民出版社，1999：309.

步强调了综合平衡的重要性,各个部门、行业内部及之间都需要综合平衡,这也是“大跃进”的教训之一。他说:“搞社会主义建设,很重要的一个问题是综合平衡”,①“在整个经济中,平衡是个根本问题。”②

1959年12月~1960年2月,毛泽东在《读苏联〈政治经济学教科书〉的谈话》中,对国民经济有计划、按比例、综合平衡发展有了更加系统、深刻的理论认识和阐释,进行了理论联系实际的论述,上升到了哲学和经济学的高度。

首先,他认识到,与资本主义通过危机实现国民经济平衡不同,社会主义有可能通过计划实现平衡,但认识比例关系是需要过程的,因此,计划调节实现经济平衡会经历成功失败的曲折过程。不平衡是绝对的,平衡是相对的,制定计划要依据规律来。平衡与不平衡是矛盾的两面,二者经常交替出现。社会主义经济中的不平衡、不按比例是经常出现的,因此要“按比例和综合平衡”,③“不断地产生,不断地解决”。④

其次,在“关于政治经济学的一些问题”中,毛泽东对政治经济的综合平衡进行了辩证论述。他指出政治和经济的综合平衡根本上是生产力和生产关系、生产关系和上层建筑之间的平衡关系决定的,而生产力与生产关系、生产关系同上层建筑的矛盾和不平衡是绝对的,这才有了生产力、生产关系、上层建筑的发展。“有了这样的观点,就能够正确认识我们的社会和其他事物;没有这样的观点,认识就会停滞、僵化”。⑤

在这里,毛泽东突出了改变上层建筑和生产关系对发展生产力的重要性。他认为:“在社会主义时代,矛盾仍然是社会运动发展的动力”。⑥因此,社会发展中出现的不协调、不平衡、不可持续等矛盾和问题,如果正确地解决,就转变为发展的动力。这个认识对解决21世纪中国面临的经济问题,具有重大的启发意义。

关于发展中的物质利益和个人利益,毛泽东认为物质利益是重要的,但不是唯一的,可以和其他激励相结合,如精神鼓励。在关注个人的、眼前的、局部的物质利益时,还要兼顾集体的、长远的、整体的利益。“我们历来讲公私兼顾……个人利益是集体的一分子,集体利益增加了,个人利益也随着改善了”。⑦

---

① 中共中央文献研究室．毛泽东文集(第八卷)[M]．北京:人民出版社,1999:73.
② 中共中央文献研究室．毛泽东文集(第八卷)[M]．北京:人民出版社,1999:80.
③④ 中共中央文献研究室．毛泽东文集(第八卷)[M]．北京:人民出版社,1999:118-121.
⑤ 中共中央文献研究室．毛泽东文集(第八卷)[M]．北京:人民出版社,1999:130-132.
⑥ 中共中央文献研究室．毛泽东文集(第八卷)[M]．北京:人民出版社,1999:133.
⑦ 中共中央文献研究室．毛泽东文集(第八卷)[M]．北京:人民出版社,1999:133-134.

毛泽东在国民经济综合平衡理论的探索上虽然经历了曲折，但在总体上对国民经济综合平衡理论的形成作了巨大贡献。《论十大关系》将国民经济中的基本比例关系都纳入其中；将综合平衡的理解上升到哲学高度，认为综合平衡是和不平衡相对应的平衡，是运动发展的动态平衡；实现国民经济综合平衡还需要研究生产力生产关系平衡、生产关系和上层建筑的平衡、个人利益与集体利益平衡等方面。可见，毛泽东的贡献在整体上对指导国民经济综合平衡的经济实践和理论研究有不可替代的重要作用。

1.2.1.2 陈云对国民经济综合平衡理论形成的系统化贡献

陈云作为党内一直主管财经的领导，曾在苏联学习马克思的社会再生产理论和计划经济理论，经过战争年代、国民经济的恢复时期、“一五”计划的财经管理实践，在1956年后的财经管理中，对国民经济综合平衡理论进行了具体化和系统化的发展。

陈云的综合平衡理论是建立在生产供给不足的经济发展大背景之下，在时间维度上以短期或短线为主；在理论上运用马克思关于社会再生产四个环节相互关系的原理，以国民经济有计划按比例发展为基础，认为财政收支平衡是国民经济稳定发展的基础和国民经济综合平衡的关键，物资、财政、货币信贷三平衡，物资、财政、货币信贷、外汇四平衡是综合平衡的基本条件，在不同阶段提出紧张综合平衡理论和短线平衡理论，综合平衡要充分利用计划与市场两种手段，国民经济的主要供给要以计划发展为主，满足人民的多样需求要以市场为主。在综合平衡原则上，陈云坚持以人民利益为出发点和归宿点，主张发展社会主义经济的根本方式是“一要吃饭、二要建设”，即要把人民生活放到第一位。

陈云认为，综合平衡发展要抓国民经济的主要矛盾，要重视“打好基础”，尤其要抓住农业、能源、交通和科教四条短线或四个薄弱发展环节。如果这四条“短线”不赶上去，比例不合理，就难以协调地、较快地发展。陈云认为物资平衡，即保障供给是第一位的。这在供给不足的发展背景下无疑是正确的主张。他主张财政平衡，反对赤字；主张信贷平衡，反对通货膨胀；认为赤字和通货膨胀都有害于经济可持续发展。陈云认为，财政状况的好坏直接关联到国家经济和人民生活；财政分配在国民收入分配中居于主导地位，直接制约着其他分配形式，如信贷分配、工资分配、价格分配、企业财务分配等；财政分配制约生产，包括财政投资总额制约建设规模，财政投资结构和分配结构制约生产结构；财政分配制约交换；财政收支直接关系农民收入和职工工资收入。在财政预算上，陈云认为，预算不是单纯的收支计算与管理问题，而是国家政策的体现,必须体现国家的政治路线、军事政策、经济政策和文教、卫生、科技政策;预算分配要实事求是、量力而行,要统筹规划、全面安排、分清主次、按比例分配投资,同时要收支平衡、厉行节约、反对浪费,反对冒进和保守。这些认识和观点在计划经济体制下无疑是正确的。

1957 年 1 月,陈云发表了《建设规模要和国力相适应》的讲话,指出建设规模与国力是否适应是经济能否稳定的界限。财政信贷必须平衡且略有结余,物资使用要合理,购买力要与供给平衡。建设规模与财力物力的平衡时间要长久,而不能只在当下。还提出了重视国民经济的比例关系研究。这些观点的提出标志着国民经济综合平衡思想的形成,被后人称作"三大平衡"。此时,国民经济综合平衡的特点可以称作紧张综合平衡,要求对物资的使用必须遵循先必需的生产和消费,然后才是必需的建设,原材料的供应顺序是生活必需品、生产资料的生产,剩余的用于基本建设。"大跃进"和经济调整时期,陈云在多次讲话中强调"多、快、好、省"要注重"好",并不断反省总结"大跃进"时期的问题,注重调查研究。1962 年,在《目前财政经济的情况和克服困难的若干办法》中,陈云总结了当时经济失衡的表现:粮食生产下降;基本建设规模超过物力财力,同工农业生产水平不相适应;货币发行太多,通货膨胀;物资少,货币多,投机倒把严重;人民生活水平下降。如何回到经济综合平衡?陈云认为,首先要集中统一全国财力物力,利用五年时间恢复,之后发展经济;控制货币发行,增加生产,回笼货币,打击投机倒把,必须尽快"千方百计做到财政、信贷收支平衡,制止通过膨胀"。[①]

在《中央财经小组会议上的讲话》(1962)中,陈云在总结建设经验的基础上,就综合平衡进行了专题讲述。首先,他在对"积极平衡和消极平衡"[②]争论辨析的基础上,提出了从什么时间搞综合平衡。紧接着,陈云给出了他的建议,综合平衡要从现在、当下开始。"所谓综合平衡,就是按比例;按比例,就平衡了。按比例是客观规律,不按比例就一定搞不好"。[③]"按短线搞综合平衡,才能有真正的综合平衡。所谓按短线平衡,就是当年能够生产的东西,加上动用必要的库存,再加上切实可靠的进口,使供求相适应"。[④] 在明确了短线综合平衡的基础上,陈云进一步提出要增加工农业生产,保证商品供应与购买力相适应,从而保证市场稳定,预防通货膨胀。

---

① 陈云．陈云文选(第三卷)[M]．北京:人民出版社,1995:191.
② 陈云．陈云文选(第三卷)[M]．北京:人民出版社,1995:197.
③ 陈云．陈云文选(第三卷)[M]．北京:人民出版社,1995:203.
④ 陈云．陈云文选(第三卷)[M]．北京:人民出版社,1995:210-211.

此时,陈云的国民经济综合平衡理论形成了一个比较完整的体系。从内容上概括为物资平衡、财政平衡、信贷平衡,其中,物资生产供应是综合平衡的基础,财政收支是保证综合平衡的关键;国家的经济计划是实现国民经济综合平衡的主要方式;时间上必须从现在开始,开步走就要综合平衡,按短线平衡;从社会经济方面表现为生产供给增加,商品供应与购买力相适应,社会经济稳定、经济结构按比例;出发点和归宿是人民的利益。

1.2.1.3 薄一波等对综合平衡理论的具体探索

从1949年开始,薄一波协助陈云负责财经委工作,曾担任第一任财政部部长,在国民经济综合平衡的管理实践中积累了丰富的经验。在1956年党的八大上,薄一波作了《正确处理积累和消费的关系》的讲话。他在总结"一五"计划时期的经验基础上,对国民收入和积累、国民收入和国家预算收入、国家预算支出和基本建设投资三种比例关系进行系统阐释,提出"二三四"原则,即"在通常情况下,积累在国民收入的比例不低于20%,或略高一些,国家预算收入在国民收入的比例不低于30%,或者略高一些,基本建设投资支出在国家预算支出的比例不低于40%,或略高一些"。[①] 认为这样既能保障我国工业特别是重工业的发展,又能保障人民的生活逐步提高。这是我国社会主义经济建设时期从实践中总结出来的重要理论成果。

此外,李富春在1956年党的八大第一次会议的发言中提出了"综合平衡"。他指出计委会"要对国民经济中互相关联的各个方面进行综合平衡、全面安排",也就是说在"成本和物价""经济和财政""工业和农业""生产和流通""积累和消费""物资供应和物资储备"等各有关方面之间要进行综合平衡和全面安排。[②]

总之,这一时期的综合平衡的实践与理论在宏观上,毛泽东强调整体主义和全局观,从全国出发考虑综合平衡,统筹兼顾;在经济计划上,陈云强调短线平衡或短期平衡,即短期计划应该保证总供求平衡;综合平衡核心是按比例发展,包括农轻重社会各部门之间的比例以及部门内部的比例关系、积累和消费的比例关系、建设规模与国力的关系、财政收入与支出之间的关系,主要是国民经济内部的综合平衡;综合平衡实现的手段,以国家计划调节为主。这标志我国对国民经济综合平衡理论有了更加全面系统的认识。

这一时期的综合平衡虽是在学习和借鉴苏联经验的基础上,但已具备了

---

① 薄一波. 两个倍增的战略目标一定可以达到[J]. 财贸经济,1982(10):1-2.

② 马寅初. 再谈平衡论和团团转[J]. 北京大学学报(哲学社会科学版),1959(1).

中国的显著特征。因为有实践的土壤和创造性探索，所以在中国特定的发展条件、发展阶段和发展背景下，形成了中国的具体内容和形式。除了探索综合平衡的性质、哲学依据、实现手段、遭到破坏的后果及原因分析等范畴，综合平衡理论的出发点更加明确，技术可操作性变得更强，在注重社会宏观经济总供求数量与结构平衡的同时更注重其背后的财政收支运转的可持续性，并将财政平衡作为国民经济综合平衡的关键。

1.2.2 学术界研究推动国民经济综合平衡理论的形成

1.2.2.1 马寅初对国民经济综合平衡的坚持

在中共领导层内出现反右倾保守和反冒进之争的背景下，1956~1957年，马寅初（1882—1982）先后发表了《联系中国实际来谈综合平衡理论和按比例发展规律》《联系中国实际来再谈综合平衡理论和按比例发展规律》①从理论实质、内容和实现途径三个方面阐述了他的综合平衡理论。理论实质上，国民经济综合平衡就是国民经济这个有机整体必须按比例发展，这是客观规律。做好国家的计划统筹工作，就能够做到按比例发展。计划统筹的过程很复杂、烦琐。“只有根据实际需要和可能，进行反复的平衡计算，才能比较恰当地规定出国民经济各方面的比例关系”。②在内容上，主要包括农轻重关系和积累、消费的比例关系。在实现方式上，马寅初非常前卫地提出了利用价值规律实现国民经济综合平衡。他认为虽然社会主义计划是以按比例发展规律为依据的，但也要“利用价值规律来进行计划经济”。③ 这在当时是很前卫的观点，不但未被采纳，反而受到批判，但他仍然坚持深入研究。随后，马寅初发表了《我的经济理论哲学思想和政治立场》（1958），文中一如既往坚持运用综合平衡理论分析国民经济建设的形势，并提出相关的批评建议。1959年又发表了《我的哲学思想和经济理论》，运用综合平衡理论科学解释大跃进。

1.2.2.2 杨坚白从国民收入入手，开拓性研究实现国民经济综合平衡的途径

杨坚白（1911—2004）是国民经济综合平衡理论（亦称社会主义宏观经济学）的开拓者和新中国国民收入理论与方法的首创者之一。20世纪50年代，

① 萧灼基．重读马寅初先生的《综合平衡论》——兼论当前国民经济调整工作[J]．北京大学学报（哲学社会科学版），1980（3）.

② 马寅初．我的经济理论哲学思想和政治立场[M]．北京：财政出版社，1958：110-111.

③ 马寅初．我的经济理论哲学思想和政治立场[M]．北京：财政出版社，1958：94.

杨坚白就“关于积累与消费的比例关系”最早提出：“在计划期间，按人口平均的消费额不得低于前期的实际水平；消费水平的最低限也就是积累水平的最高限”。根据我国的历史经验，他认为“积累率应控制在25%～30%”。他一向反对高积累，不同意高积累来压低消费；认为高积累也不一定就出现高速度，关键在于积累效果的高低。对计划工作来说，主要是掌握积累的规模和使用方向，并考核积累效果。他发挥了周恩来总理的有关思想，认为积累的使用方向是战略性问题，关系着国民经济发展的全局。[①] 20世纪50年代初，杨坚白开始计算与研究新中国的国民收入，并在此基础上探讨国民经济综合平衡理论。1955年，杨坚白就提出：“编制国民经济计划应以国民收入为中心，从总量上把握国民收入的生产和分配，确定各种重要的比例关系，求得国民经济重要比例协调发展。”杨坚白认为：“社会总产品和国民收入是马克思主义社会再生产理论的两个重要的科学范畴，也是国民经济计划和统计上的两个重要的综合指标。一个国家的经济发展水平、规模、速度和经济实力都要以这两个指标来计量和反映。因此进行国民经济综合平衡不能不以它们为主体。……国民收入经过分配与再分配后，又形成消费基金与积累基金。由三大基金（补偿基金、消费基金和积累基金）组成的有支付能力的社会总需求及其构成应该与社会生产的总量及其构成相平衡，这是保证整个社会再生产正常运行的基本条件，也是国民经济综合平衡必须完成的主要任务”。[②] 1958年，杨坚白调到中国科学院经济研究所，专门从事社会再生产理论和国民经济综合平衡研究。60年代初，杨坚白指出他的“国民经济平衡”就是“国民经济的综合平衡”，在澄清对国民经济综合平衡的概念、研究对象、范围和方法四个有争议的概念性问题后，提出应该“从生产力和生产关系的联系上进行国民经济平衡”[③]，着眼点应是全局、带有战略性的问题，并从全局出发指导局部性、战术性或战役性的问题。从社会角度考察综合平衡，应当以社会总产品和国民收入为主体、以速度和比例为核心，以此制订全国国民经济综合计划。

1.2.2.3 孙冶方强调国民经济综合平衡必须建立在价值规律基础上

孙冶方（1908—1983）也是我国经济学界最早提倡研究综合平衡的经济学家之一。孙冶方较早地提出重视价值规律的作用，并撰文提出应把计划和统

① 张卓元，厉以宁，吴敬琏．20世纪中国知名科学家学术成就概览·经济学卷（第一分册）[M]．北京：科学出版社，2013：251.

② 张卓元，厉以宁，吴敬琏．20世纪中国知名科学家学术成就概览·经济学卷（第一分册）[M]．北京：科学出版社，2013：249-250.

③ 杨坚白．关于国民经济平衡的几个争论问题[J]．江汉学报，1964（4）.

计工作放在价值规律的基础上。当时存在的流行说法认为价值规律与商品经济范畴相对应,与计划经济相排斥,价值规律与计划经济是对立的,即使价值规律起作用,由于不同所有制之间还存在商品交换,因此在国营企业的生产领域不用考虑价值规律的作用。孙冶方仔细考察了马克思经典著作,并结合经济实践,指出价值规律在改造落后企业方面作用明显。“在社会主义制度下,我们把这个盲目、自发的规律变为我们自觉掌握的规律,因而也就排除了它的消极的、破坏的一面,而保留并且发扬了它的积极建设的一面”。① 价值规律在推进社会主义社会生产力的发展方面的作用是肯定的,应该重视价值规律。与商品经济不同的是,计划经济下,应该通过计算主动去琢磨价值规律。“国民经济的有计划按比例发展,必须是建立在价值规律的基础上才能实现。……只有把计划放在价值规律的基础上,才能使计划成为现实的计划,才能充分发挥计划的效能。”②可见,孙冶方从提高经济效益的角度提出应当重视价值规律的作用。

作为当时的统计局副局长,孙冶方曾赴苏联考察统计工作,将苏联关于国民经济综合平衡统计工作经验介绍到中国的经济工作中。对当时的统计工作,孙冶方提出应该在价值规律基础上进行,不仅统计物质财富,还更应该注意物质生产的价值方面计算。同时,他不仅自己研究,并且在他出任中国社会科学院经济研究所的领导职务后,还于 1958 年亲自在所里筹建了国民经济平衡组专门从事这方面的研究。③

1.2.2.4 董辅礽从积累和消费的比例关系着手探寻国民经济平衡的实现方法

董辅礽指出积累和消费的比例是最重要、最综合的比例,积累和消费的矛盾不但概括体现了社会生产与需要、生产与生活、集体与个人利益、长远与眼前利益之间的平衡关系,而且与其他比例关系相互制约,关系密切。因此,积累和消费比例的确定关系到国民经济有计划按比例地发展。国民经济中的任何比例关系都有质的规定性和量的规定性两个方面。董辅礽进一步探讨了积累和消费比例关系的量的规定性,即其在数量关系上的变化规律性以及制约其数量关系变化的因素。他认为积累和消费比例的确定,首先要确定需要和资源,然后使二者平衡。说着很容易的事情,具体实施很复杂,需要“统筹兼

① 孙冶方 . 孙冶方选集[M]. 太原:山西人民出版社,1984:121.

② 孙冶方 . 孙冶方选集[M]. 太原:山西人民出版社,1984:127-128.

③ 董辅礽 . 孙冶方关于国民经济综合平衡问题的理论观点[J]. 中州学刊,1983(6):66.

顾,适当安排”。[1] 随后,董辅礽(1961)又从价值(货币形态)和使用价值(实物形态)角度进一步探索了确定积累和消费比例关系的方法。“价值—货币形态的积累基金和消费基金就是社会对积累和消费物资的有支付能力的需求,而使用价值—实物形态的积累基金和消费基金,就是社会所拥有的能够用于积累和消费的物质资源。所以,两种形态上的积累基金之间和消费基金之间的平衡关系,也表现为在积累和消费方面需要与资源之间的平衡关系”。[2] 董辅礽的这些思想在一定程度上继承了孙冶方的思想。在分析积累与消费的比例关系的基础上,董辅礽又进一步分析了居民购买力同消费品供应的平衡问题,并指出“要保持居民购买力同消费品供应的平衡,就必须加强整个国民经济的平衡工作,它是国民经济综合平衡的一个有机组成部分,只有把它放在国民经济综合平衡的总体中来处理,才能求得解决”。[3] 这一思路对解决当下供给侧结构性改革很有启发作用。

1.2.2.5 财政、信贷角度探讨国民经济综合平衡的实现途径

国内学者日益认识到财政、信贷对国民收入分配为积累和消费的比例关系的影响越来越重要,因此,从财政、信贷平衡入手实现国民经济平衡的途径成为这个时期研究的一个主题。李成瑞(1964)认为综合平衡是一种手段,而非目的。“通过综合平衡求得社会主义建设事业多快好省地发展”,[4]研究预算、信贷、物资综合平衡的出发点,就是要实现国民经济的综合平衡,在社会财力物力的平衡中,预算、信贷、物资的平衡具有决定性的作用。同时,又要把预算、信贷、物资的综合平衡建立在企业支配的资金与物资平衡的基础上。随后,李成瑞又发表文章,在辨析社会主义财政的本质和范围的基础上,提出社会主义财政范围包括三部分:国家预算、国家银行信贷、国营经济部门和国营企业财务。要把预算收支、信贷收支、企业财务收支分别计算、分别列表;同时,使三者相互配合、相互平衡、相互补充,从三个不同的侧面反映国家资金的收支。黄达(1957)在这一时期从货币流通角度出发,认为只有坚持银行信贷的各项原则,才能使货币流通与物资周转的需求相适应,促进生产,实现国民经济综合平衡。

---

① 董辅礽. 确定积累和消费比例的若干方法论问题的探讨[J]. 经济研究,1959(11):38.

② 董辅礽. 论价值—货币形态与使用价值—实物形态的积累基金和消费基金之间的平衡问题[J]. 经济研究,1961(8):37.

③ 董辅礽,乌家培. 关于居民购买力同消费品供应之间平衡关系的几个问题[J]. 经济研究,1962(10):35.

④ 李成瑞. 关于预算、信贷、物资平衡问题的探讨[J]. 经济研究,1964(3).

从财政、信贷政策角度探索国民经济综合平衡的实现路径，是抓住了问题的主要矛盾，并不断适应后来由传统计划经济向社会主义市场经济转变的经济实践，也为国民经济综合平衡理论的转型创新作了铺垫。

1.2.2.6 国民经济综合平衡理论的形成

伴随着20世纪60年代初"大跃进"之后的经济调整，学术界掀起了国民经济综合平衡理论的研究高潮，推动了理论研究的深化，进而形成国民经济综合平衡理论。

首先，对国民经济综合平衡理论的理论实质——按比例发展规律的研究。社会再生产理论的一系列对比关系都是按比例发展规律所要求的。杨坚白(1959)指出："马克思主义的社会再生产理论要求一系列的对比关系，如两大部类之间的对比关系，各部门之间的对比关系，积累和消费的对比关系，等等，其实质，就是研究再生产过程中，社会产品的各个部门、各个要素，如何按实物形态和价值形态进行等价补偿问题。在我看来，在社会主义社会，社会再生产过程中一系列的对比关系，也就是按比例发展的规律所要求的。"①国民经济综合平衡理论是社会化生产按比例发展规律的体现。

当时有学者进一步围绕有计划按比例发展规律与按比例发展规律是不是一个规律展开争论。骆耕漠(1961)指出有计划按比例发展规律与按比例发展规律不是一个规律。按比例发展规律是人类社会生产的共同规律，是一般规律。存在社会分工就要求按比例。这一规律在不同社会形态下的实现形式各异，"在原始共同体中，具体化为蒙昧的、朴素的、类似有计划按比例发展规律；在资本主义制度下，它辩证地表现为竞争和生产无政府状态的规律(亦可以把它称为不自觉地按比例发展规律)；在社会主义制度下，它真正地具体化为有计划(按比例)发展规律"。② 因此，国民经济有计划按比例发展，是遵从了列宁的"经常地、自觉地保持着平衡(即按比例)"的发展。这与完全靠市场配置资源而经常通过危机途径实现平衡的发展正好相反。李光宇(1959)则认为把有计划发展规律和按比例发展规律看成是两个规律是不妥当的，二者是无法分开的：一定的比例是统一计划的基础，统一的计划是一定比例的前提。③ 在与资本主义生产方式对比的基础上，李光宇认为各个部门按照一定比例发展的经济条件是：生产资料公有制、统一的经济计划和正确的比例关系，三者密

① 杨坚白．按比例发展规律与价值规律[J]．经济研究．1959(3)．

② 骆耕漠．关于有计划(按比例)发展规律的几点研究[J]．经济研究，1961(11)：10.

③ 李光宇．对国民经济有计划按比例发展规律的看法[J]．经济研究，1959(3)：12.

切联系。“国民经济有计划按比例发展规律是社会主义社会所特有的经济规律，它是在生产资料公有制的基础上，作为竞争和生产无政府状态规律的对立物而产生的。它的要求是：国民经济各个部门和社会生产各个环节必须在社会统一计划的指导下经常按照正确的比例发展”。[①] 这种观点实际上是把国民经济综合平衡的理论实质同实现的可能性混淆了。我们考察各个国家截至目前的所有经济实践，可以看到，只有在社会主义生产资料公有制下，才能够做到按比例发展，中国经济发展的成就就是一个例证。本书赞同前一种观点，即有计划发展是按比例发展规律的一种实现方式。按比例发展规律是社会化生产中必须遵循的经济规律，如何做到社会生产按比例发展，截至目前有三种经验做法，即市场的价值规律、国家计划、市场价值规律和国家计划相结合。实践证明，单纯依靠价值规律或国家计划都有不足，只有将二者有机结合方能取长补短，这也是当前大多数国家认可的经验。发展社会主义市场经济条件，依然要遵循有计划按比例发展规律。

其次，探索国民经济综合平衡的途径或方法的研究。这一时期，学术界的另外一些研究是从具体操作方法展开。国民经济综合平衡是计划经济中安排社会再生产的一种方法。邝日安、刘国光和董辅礽（1959）提出，国民经济平衡是一种社会主义国家实行计划经济中安排扩大再生速度和比例的基本方法，应在学习借鉴苏联和其他社会主义国家先进经验基础上，结合中国当时国情，在方法上进一步研究，“制定出有科学根据的，适合于我国具体情况的国民经济平衡表的体系和表式”。[②] 宗献（1959）、杨英杰（1962）和岳巍（1964）等讨论了这一时期对国民经济综合平衡的基本任务和原则、目的和方针、对象和方法、内容和中心、组织原则等，从操作层面探索实现国民经济平衡的方法。叶景哲等（1959）从方法论角度，提出应该运用唯物辩证法组织国民经济平衡工作。王琥生（1962）和方秉铸（1963）从地区国民收入统计角度论证了国民收入统计对地区综合平衡作用及存在的问题。

这一时期的研究涵盖了国民经济综合平衡的理论实质、内容、实现途径以及方法等。在方法论上，主要以马克思主义立场、方法论为指导，辩证地认识按比例发展规律，将国民经济看作一个有机整体，处理好国民经济内部的各种比例关系，尤其是农轻重比例关系、积累和消费的比例关系，并探索一些数量

① 李光宇．对国民经济有计划按比例发展规律的看法[J]．经济研究，1959（3）：18.

② 邝日安，刘国光，董辅礽．论实现我国社会主义建设总路线中国民经济平衡工作的基本任务和原则[J]．经济研究，1959（12）：14.

比例关系的确定;在注重宏观经济总量平衡、结构平衡的同时,逐渐重视其深层影响因素即财政收支运转的可持续性,进一步凸显财政平衡的关键作用。这时虽是高度集中的计划经济,但我国学者仍能够超前肯定重视价值规律的作用,后来的实践证明,这种提法是正确的。这一时期的研究文献概括起来在以下几个方面做了探索:

第一,理论实质。国民经济综合平衡理论是以马克思社会再生产理论为指导,按比例发展规律中国化的重要成果。学术界从整体论角度强调国民经济是一个有机整体,按比例发展规律是国民经济发展的客观规律,按比例就平衡了,平衡了就按比例了。国民经济综合平衡既是我国社会主义经济实践应遵循的原则,又是推动社会主义经济建设的方法,即统筹规划。

第二,国民经济综合平衡的内容包括农轻重比例、积累和消费比例、社会总需求和社会总供给数量结构的平衡,主要是国民经济内部平衡。

第三,实现国民经济平衡的途径,除去当时高度集中的计划外,应重视发挥价值规律的作用,强调积累和消费的比例关系的重要性及其确定方法的研究,并以社会总产品和国民收入分配为分析的中心,进一步从价值平衡和实物平衡的角度,将积累与消费的比例关系发展为社会总需求与社会总供给之间数量和结构的关系。

第四,从更具体角度探讨实现国民经济综合平衡的方法,如运用唯物辩证法、整体的方法探索国民经济综合平衡的任务、原则、目的、方针、对象、方法、内容以及组织原则等,还有从地区角度探索国民经济综合平衡作用及存在问题。尤其这时提出的以社会总产品或国民收入作为国民经济综合平衡的出发点,并进一步研究积累和消费的比例关系,对后来西方经济学宏观经济政策的引入、吸收和借鉴做了铺垫。

这些研究成果对指导当时的经济实践发挥了重要作用。“大跃进”“文化大革命”的反面教训也说明,只要综合平衡,经济就有较大发展;反之,经济就会停滞甚至倒退。

总之,这一时期的研究形成了国民经济综合平衡理论,为社会主义经济实践提供了理论依据和指导。虽然国民经济综合平衡理论的研究因为“十年动乱”一度处于窒息阶段,但只要具备一定的经济条件,对真理的追求就不会停下来。随着“文化大革命”的结束,面对国民经济比例严重失调,我国学者不断反思、总结、探索,国民经济综合平衡理论的发展也进入了全新的时期。

1.3 国民经济综合平衡理论的发展深化

这一时期在时间上从1978年年末开始改革到1992年社会主义市场经济体制改革决议的提出。粉碎“四人帮”后,随着改革大幕的拉开,在经济实践中对计划经济体制做了很大的调整,反映在理论层面,出现了“国家调节为主、市场调节为辅”①“国家引导市场,市场引导企业”的理论。这期间以国家计划调节为主,主要是以国民经济综合平衡理论为指导原则和目标,如何实现国民经济综合平衡一度成为我国学术界研究的热门话题,出现了第二次研究高潮。这些研究更全面系统深入,并给出具体操作方法。围绕如何搞好国民经济综合平衡的方法,集中体现在以下四个方面:①将国民经济综合平衡理论作为社会主义经济理论的重要组成部分,并从宏观角度探索如何做到国民经济综合平衡,如薛暮桥、宋则行、孙冶方、董辅礽、戴园晨等这个时期的研究。②从财政、信贷、物资、外汇平衡角度,发展“三平衡”“四平衡”的基础上,从宏观经济控制角度探索实现国民经济综合平衡的路径方法。如李成瑞(1981)、黄达(1984)和戴园晨(1983)等;从财政、银行信贷角度,探索国民经济综合平衡的方法,如陈共(1981)和刘鸿儒(1981,1983,1986)。③从比例与速度关系角度研究国民经济综合平衡,如王梦奎(1980)、骆耕漠(1981)、洪远朋(1980)、戴园晨(1983)、苏星(1984)、宋涛(1990)等。④从具体操作方法层面来看,探索实现国民经济综合平衡的方法,主要有从统计学角度论证国民经济平衡表方法如何更好地开展(钱伯海,1984;岳巍,1988);还有学者探索投入产出法、规划理论(余光中,1983)和目标规划(陈秉正,1985)等的运用,此外还有学者从其他角度研究综合平衡,如综合平衡的评价方法(江宏,1986)、投资的调节机制(刘志彪,1986)、价值量平衡(陆百甫,1987)等。

1.3.1 经济管理实践中深化国民经济综合平衡理论认识

1.3.1.1 陈云的鸟笼经济思想

陈云(1979)对计划与市场相结合、国民经济综合平衡的现状进行了深入思考,提出坚持按比例原则调整国民经济,计划与市场结合论,“鸟笼论”,强调中央的经济权威对政治权威的基础性作用,财政平衡在综合平衡中的基础地位。他指出:有计划按比例思想来源于马克思,曾经的苏联和当时的中国都是

① 中共中央文献研究室.陈云年谱(修订本)[M].北京:中共中央文献出版社,2015.

在这一思想指导下发展经济的，总结苏联和中国的教训就是没有将有计划按比例与市场调节相结合，计划经济的弊端日益显露。他认为社会主义应该既有计划经济又有市场经济，前者为主要，后者为次要，但是必须有，否则就是“大少爷办经济，不是企业家办经济”。[①]要有利润概念，计划经济与市场经济的比例今后要不断调整，以平衡二者的关系。

针对当时国民经济比例失衡问题，他提出“按比例发展是最快的比例”，[②]解决当前比例失衡的主要办法就是调整，通过调整，扭转失衡的比例。

陈云（1981）在同省、自治区、直辖市党委第一书记座谈会上，强调了经济建设的几个重要方针，包括“农业经济是国民经济重要的一部分。农业经济也必须以计划经济为主，市场调节为辅。国家建设必须全国一盘棋，按计划办事”。[③]

陈云（1982）把“计划与市场”的关系比喻为“鸟”与“笼子”的关系。陈云总结了党的十一届三中全会后搞活经济政策的成效时指出，搞活政策要继续，市场调节作用要继续发挥，同时要警惕经济摆脱国家计划。计划就是笼子，搞活经济、市场调节就是鸟，“搞活经济、市场调节，这些只能在计划许可的范围以内发挥作用，不能脱离开计划的指导”。[④]

陈云（1988）进一步认为，中央的政治权威要以经济权威为基础，财政要平衡，不搞财政赤字。在进行市场调节过程中，一定要坚持有计划按比例，同时“必须加强和依靠党的领导，特别是党中央的核心领导作用”，[⑤]解决当时遇到的问题和困难。

在研究方法上，陈云（1990）主张对待工作要实事求是，提出“不唯上、不唯书、只唯实，交换、比较、反复”[⑥]的十五字唯物辩证法研究与工作方法。

1.3.1.2 薄一波对“二三四”原则的发展

薄一波（1980）对国民经济综合平衡理论和实践进行了深入总结和思考，提出一些带有规律性的认识，尤其是对积累占国民收入、财政收入占国民收入、基本建设支出占财政支出比例关系“二三四”原则进行了重新认识和修订。他认为，经济计划工作就是在经济发展中寻求综合平衡，综合平衡就是按比例，具体包括农轻重的比例关系，积累和消费的比例，能源运输与其他部门的比例、科文

---

① 陈云．陈云文选（第三卷）[M]．北京：人民出版社，1995：244-246.

② 陈云．陈云文选（第三卷）[M]．北京：人民出版社，1995：248-249，250-255.

③ 陈云．陈云文选（第三卷）[M]．北京：人民出版社，1995：305，307.

④ 陈云．陈云文选（第三卷）[M]．北京：人民出版社，1995：320.

⑤⑥ 陈云．陈云文选（第三卷）[M]．北京：人民出版社，1995.

教与经济建设的比例,建设与生活的比例等,其中,农轻重比例是最基本的比例。要安排好财政、信贷和物资平衡,对积累、财政收入占国民收入的比例以及基本建设占支出的比例应该找到一个数字。薄一波比较了国际经验和中国经验,认为“积累率在百分之二十五左右比较合适”①,高于或低于这个比例都是影响经济顺利发展,打破了财政、信贷和物资的平衡。同时,薄一波认为搞财政赤字有可能会引发通过膨胀,因此应该坚持财政平衡,不搞赤字。

薄一波(1983)结合新中国成立以来30多年的实践经验,就正确处理积累和消费的关系认为之前提出的“二三四”的比例关系依然非常重要,并提出这三个比例可以略作变动:“积累率保持在25%左右为宜,但不能超过30%;财政收入占国民收入的比例在30%~33%较为适宜;基本建设支出占财政支出的比例不能太大,以37%~38%为宜,最多不能超过40%。同时,为了保证国家重点建设的需要……财力要适当集中,要形成一个拳头,过于分散不利于建设。”②

1.3.1.3 邓小平的平衡理念

邓小平在改革开放后回顾了过去经济发展的教训后提出,过去的计划没有处理好比例关系,没有处理好经济内部以及经济与其他系统之间的关系,未来“现代化建设的任务是多方面的,各个方面需要综合平衡,不能单打一”。③后来,他又提出一系列的“两手抓、两手都要硬”(政治与经济、经济与意识形态)的战略方针,其本质都是对综合平衡理念的贯彻。

1.3.2 国民经济综合平衡理论第二次研究高潮

1981年1月上旬,由国家计委经济研究所、中国社会科学院经济研究所和辽宁省计委经济研究所联合发起的国民经济综合平衡理论问题讨论会在沈阳召开,为配合“狠抓调整、稳定经济”的中央决策,“会议开得非常及时,很有必要”。④ 这次会议的目的在于推动国民经济综合平衡理论的研究,进一步为国民经济调整和改善国民经济计划工作提供理论依据。来自全国相关领域的学者们积极投稿,各抒己见,认真热烈地参与讨论,包括许涤新、孙冶方、薛暮桥、于光远、杨坚白、宋则行、刘国光等我国当时有影响力的学者。概括来说,会议

① 薄一波.薄一波文稿两篇:三十年来经济建设的回顾(1980年1月15日)[J].党的文献,2008(2):19-29.

② 薄一波.薄一波同志谈积累和消费的比例关系问题[J].财政,1983(1).

③ 邓小平.邓小平文选(第2卷)[M].北京:人民出版社,1994.

④《论综合平衡》编辑组.论综合平衡——国民经济综合平衡理论问题讨论会文集[M].北京:中国财政经济出版社,1981.

主要在总结历史经验教训的基础上,着重讨论了如何搞好国民经济综合平衡。具体包括:

首先,会议在总结三十年国民经济综合平衡工作的经验教训基础上,强调国民经济综合平衡是社会主义经济有计划按比例发展的基本要求;必须将国民经济综合平衡这一抽象的理论问题同我国的实际情况相结合,认真研究和充分认识实际情况,并据以确定恰当的经济发展战略方针是搞好国民经济综合平衡的前提条件;正确解决国民经济综合平衡问题的方法论是搞好国民经济综合平衡的具体保证。

其次,关于研究视角提出了几种观点:可从社会总需求或满足人民消费需要为出发点和归宿,进行国民经济综合平衡;可以从国民经济核算开始,编制以社会总产品和国民收入为主体的综合平衡计划为先导,用以统驭全局,进行国民经济综合平衡;也可以从国民收入增长的可能性入手,统筹安排积累消费的比例关系,进行国民经济综合平衡。从产业结构角度,以农轻重为序安排国民经济计划;从财政、信贷、物资平衡角度,研究如何实现国民经济综合平衡;从经济布局上,探讨了地区平衡与国民经济综合平衡的关系等。在具体操作方法上,有学者建议将投入产出法以及与它有联系的其他一些数学方法和预测方法纳入计划方法中,进而改进已有的计划方法。

这次会议着重研究了国民经济调整背景下,在进一步明确国民经济综合平衡理论的理论实质基础上,就如何搞好国民经济综合平衡的方法问题取得了突破性进展,并在具体操作方法上有了推进,掀开了国民经济综合平衡理论研究热潮的大幕。随后出现了很多以“国民经济综合平衡”命名的研究成果。

1.3.3 以“国民经济综合平衡”为题的文献大量涌现

这一时期学术界出现的系统化研究成果一方面包括以“国民经济综合平衡”命名的著作,如尹世杰的《论国民经济综合平衡》(1981)、钱伯海的《国民经济综合平衡统计学》(1982)、刘国光的《国民经济综合平衡的若干理论问题》(1982)、李成瑞的《财政、信贷与国民经济的综合平衡》(1982)、杨坚白的《国民经济综合平衡的理论和方法论问题》(1984)、黄达的《财政信贷综合平衡导论》(1984)以及于光中和苏星的《综合平衡论》(1987)等;另一方面包括虽没有以此命名,但将国民经济综合平衡理论作为整个社会主义经济理论的重要组成部分的研究成果,如许涤新的《中国社会主义经济发展中的问题》(1981)、薛暮桥的《社会主义经济理论问题》(1983)、戴园晨的《社会主义宏观经济》(1987)、宋则行的《社会主义宏观经济学》(1989)等。此时,也有学者从社会主义经济实践出发,从非均衡是常态的角度研究如何做到国民经济综合平衡,如科尔奈的《反均衡》(1988)、厉以宁的《非均衡的中国经济》(1989)、魏杰的《失衡经济学》(1991)等。

1.3.3.1 以“国民经济综合平衡”命名的研究成果

刘国光主编的《国民经济综合平衡的若干理论问题》(1979)是在当时迫切需要总结国民经济调整经验,研究国民经济综合平衡理论,做好计划经济的综合平衡工作的背景下,以论文集的形式出版。该书内容编排是在马克思列宁主义毛泽东思想指导下,从宏观经济角度研究计划平衡理论。首先,回顾了我国三十年国民经济计划平衡工作的实践,就当时热议的速度和比例关系指出必须将发展速度与综合平衡结合,符合有计划按比例规律要求的速度就是最优速度。其次,就实现国民经济综合平衡的政策措施方面,从理论联系实际角度阐释了当时以调整为中心的八字方针是对客观经济规律的反映。如压缩基本建设规模、控制积累和消费的总需求不超过国民收入可供使用额,及抓好财政、信贷、物资和外汇四大平衡等政策措施都能够体现出追求国民经济综合平衡的要求。同时,还从市场实现角度探讨了调整、积累与消费比例关系等问题。再次,比较独特的观点是从反馈机制角度,论述了市场机制与计划机制各自的优缺点,为经济体制改革提供了理论依据。最后,论述了综合平衡与产业结构、经济效果、经济体制、经济发展战略等的关系以及价格在其中的作用。此外,该书还从社会发展角度研究国民经济综合平衡,如交通运输与国民经济综合平衡,科教文卫事业与国民经济发展的平衡,人口、劳动力的平衡以及地区综合平衡,对这些内容的关注拓展了国民经济综合平衡理论体系。关于国民经济综合平衡的方法,如运用投入产出模型、其他数学模型等研究平衡关系,处理好全国平衡与地区平衡、部门平衡的关系,建立一套完整、科学的指标体系和平衡表体系,把指令性计划与指导性计划相结合,国家计划与企业计划更好地结合等,为经济计划工作提供了理论指导。

以上观点是基于早期的研究,在随后的文章中,刘国光强调了“国民经济有计划按比例发展是社会主义经济的一个重要特征”,①应该抓住具有战略地位的比例关系。根据马克思社会再生产理论,整个社会物质资料生产总过程中的战略性比例应该就是社会两大部类内部和两大部类之间的实物补偿和价值补偿,体现在社会主义计划经济中,就是积累和消费的比例关系以及农轻重比例关系。回顾总结中国近三十年社会主义建设经验,并结合当时国民经济

① 刘国光.关于国民经济综合平衡的一些问题[J].经济研究,1979(4).

比例失衡的背景,刘国光认为,积累和消费比例关系综合反映了当时社会经济的其他比例关系,是当时最主要的战略性比例关系。因此,调整积累率,确定积累和消费的比例成为当时国民经济综合平衡工作的重要工作;同时,迫切需要经济管理体制改革。他指出“搞好综合平衡和改革管理体制,这两者是互为条件,相辅相成的”,[①]“必须把综合平衡和体制改革这两件大事同时抓好”。[②]

尹世杰的《论国民经济综合平衡》(1981)论述了国民经济综合平衡的理论依据、出发点和途径,总结了我国三十年计划平衡工作的经验和教训。在理论层面,该著作指出了国民经济综合平衡的依据——国民经济平衡是一条重要的规律,这是社会化大生产的客观要求,在资本主义社会和社会主义社会的生产都需要遵循,区别在于资本主义社会的平衡,其在理论上是假定,事实上则经常破坏着的,这是由资本主义生产资料私有制决定的。社会主义生产资料公有制下通过计划能够实现国民经济由平衡到不平衡,再到平衡的螺旋上升式运动,“这正是社会主义制度优越性的表现”[③]。国民经济综合平衡不仅是重要的理论问题,还是社会主义经济实践中需要很好解决的实际问题。进一步指出实现国民经济综合平衡的出发点应是消费资料。社会主义的目的是更好地满足人民的生活需要,以消费资料为出发点进行国民经济综合平衡,这是社会主义本质要求的体现;同时也能更好地体现两大部类的内在联系,使生产资料生产的方向更明确,结构更合理。搞好国民经济综合平衡必须正确处理好产业结构中农、轻、重的比例关系;处理好分配结构中积累与消费比例关系。在当时,生产和基建的比例关系是国民经济调整是否成功的关键,必须搞好财政、信贷、物资和外汇各自平衡以及它们之间的综合平衡;必须处理好宏观经济效果和微观经济效果,注意提高全社会经济效益等重大理论问题。同时,还提出了要提高国民经济的效果、强调计划调节与市场调节相结合,提高整个国民经济效果等新见解,但在具体操作方法上以及地区平衡与全局平衡方面没有过多涉及。

钱伯海的《国民经济综合平衡统计学》(1982)是一部适应当时开设有关国民经济综合平衡的课程需要而编写的试用教材,该书从方法论角度系统探索实现国民经济综合平衡的方法,为当时的国民经济计划工作提供了重要的理论指导和可操作工具。该书以马克思社会再生产理论为指导,以整个国民经济为对象,研究“社会再生产过程中所形成的各种平衡和比例关系……并正

①② 刘国光. 关于国民经济综合平衡的一些问题[J]. 经济研究,1979(4).

③ 尹世杰. 论国民经济综合平衡[M]. 长沙:湖南人民出版社,1981.

确阐明社会再生产的经济范畴以及和这些经济范畴相适应的统计指标，研究反映社会再生产各个方面的国民经济指标体系"，[①]"运用社会再生产的各种经济指标，研究分析社会再生产所形成的平衡比例关系"。[②]在方法论上，该书进一步提出综合运用基本平衡法、部门联系法（投入产出法）和经济模型法等几种常用方法，编制国民经济平衡表，而国民经济平衡表是国民经济综合平衡的重要工具。同时，还应将社会再生产中的价值平衡同实物和劳动的平衡相适应，这是搞好国民经济综合平衡的基础。"国民经济综合平衡统计工作的主要任务就是进行国民经济核算，编制平衡表，反映国民经济运动的总过程，挖掘国民经济发展的潜力；研究国民经济主要比例关系和宏观经济效果，探索按比例高速发展国民经济规律性"。[③]该书的出版，既批判吸收国外有益的经验和方法，又联系了我国实际，对进一步研究国民经济综合平衡问题，尤其是在具体操作方法上具有较大的参考价值。

李成瑞先以《财政、信贷与国民经济的综合平衡》（1981）为名发文，后著书立说，从财政信贷平衡视角分析国民经济综合平衡的实现途径。财政、信贷和物资平衡是调整国民经济比例要达到的要求，其中财政信贷平衡具有决定性作用。按照马克思的观点，两大部类之间及各部类内部的比例以及积累和消费的比例关系是国民经济综合平衡中最重要的关系，而财政信贷资金的分配会对积累和消费比例起决定作用，同时还会调整经济结构。"只有按客观规律办事，按马克思主义的科学理论办事，安排好经济结构和分配结构，才能搞好财政、信贷的统一平衡和国民经济的综合平衡。（提出）财政、信贷两种资金渠道要有一定的界限；财政信贷统一平衡的主要问题，是流动资金与基本建设投资的安排问题"。[④]"计划部门编制综合财政计划，把它作为国民经济综合平衡的重要组成部分；财政银行工作为国民经济调整服务；加强统计工作；及早颁布企业法、银行法（或信贷法）"。[⑤]"财政、信贷平衡，最根本的，还是依靠发展生产，提高经济效果"。[⑥]这些理论认识和政策建议现在看来仍具有重要意义。

杨坚白在《国民经济平衡的理论和方法论》（1984）中提出了国民经济综合平衡的理论基础、任务和方法论，认为国民经济综合平衡必须以社会总产品和国民收入为主体、以经济发展速度和比例为核心等。[⑦] 杨坚白认为，国民经

①②③④⑤ 钱伯海．国民经济综合平衡统计学[M]．北京：中国财政经济出版社，1982.

⑥ 李成瑞．财政、信贷与国民经济的综合平衡[J]．经济研究，1981（3）；高培勇．中国经济学探索之路：《经济研究》复刊40周年纪念文集（上）[M]．北京：中国社会科学出版社，2018.

⑦ 杨坚白．国民经济平衡的理论和方法论[M]．北京：人民出版社，1984.

济综合平衡是社会再生产过程的各个环节以及各个方面的平衡关系。它的基本任务是研究社会总生产及其构成与社会总需求及其构成之间的平衡关系。这就决定了它必须以社会总产品和国民收入为主体、以经济发展速度和比例为核心。杨坚白还从哲学角度认识和考察国民经济平衡问题。他认为,社会主义经济运行如同其他任何事物运动一样,经常处于平衡与不平衡的矛盾发展过程中,不平衡是绝对的,平衡是相对的,必须反对机械平衡论。诚然,计划工作的任务是要制订平衡计划,力求减少经济波动,然而平衡计划一经付诸实施,不平衡就出现了。因为经济波动是经济运行的一般规律,所以计划工作只能力争不出现特别大的不平衡。计划的制订当然要假定经济是平衡发展的,即从社会再生产总体上考察国民经济发展过程中各部门、各要素间的平衡关系,通过资源与需要对比,按比例分配人力、物力和财力,使之保持相互适应。然而必须把计划上的力求平衡同经济发展中出现的不平衡区别开来。[①]

黄达的《财政信贷综合平衡导论》(1984)运用系统论、信息论和控制论等思维方法,建立了综合平衡基本模型,提出许多富有创见的观点。黄达认为,财政信贷综合平衡的对象是由各种货币收支所构成的货币流通整体,财政收支和信贷收支都是货币收支系统;信贷膨胀是指贷款所投放的货币超过流通中客观需要的经济过程,它取决于各种贷款的总规模;货币供应总量区分为潜在货币量和现实流通的货币量,银行的货币供应以流通中对货币的容纳量为度;短期信贷并不存在自求平衡的规律,各种长期信贷必须与短期信贷相互配合,统筹考虑。信贷收支平衡的理论模型为:$L_2(1-r_2)=L_1(r_1-i)$。[②] 保持经常性收支的平衡不是唯一的选择。国民经济需要的是总体上的平衡,归根结底是货币流通的稳定和市场供求的平衡。信贷有差额需要财政来平衡,财政有差额需要信贷来平衡。财政、信贷之间存在相互转化的渠道,应追求财政和信贷作为一个整体的平衡;单纯追求财政平衡不等于总体的平衡。在总体不平衡的条件下实现形式上的财政收支平衡不能解决实质问题。综合平衡必须把企业收支的安排考虑在内。正确解决建设资金供求的矛盾是实现财政信贷综合平衡的关键。[③] "财政信贷综合平衡理论"(2013)获中国第六届经济理论创新奖,大会对这一理论给予高度评价,认为它是"中国经济改革发展中形成的

---

① 张卓元,厉以宁,吴敬琏.20世纪中国知名科学家学术成就概览(经济学卷·第一分册)[M].北京:科学出版社,2013.

② 式中,L为贷款;r为贷款投出的货币中转化为潜在货币的比例;i为短期信贷所面对的物资中不能形成现实商品供应的比例;下标1为短息信贷,下标2为长期信贷。

③ 黄达.财政信贷综合平衡导论[M].北京:中国金融出版社,1984.

最具有代表性的理论之一”。[①] 其最大的特点是结合中国实践，由此，奠定了中国经济均衡理论的基础，虽然只是对计划经济中财政信贷综合平衡的总结，但对当前中国经济增长具有政策性指导意义，对世界其他国家探索经济均衡也具有重要的借鉴意义。

董辅礽从经济体制改革角度对国民经济综合平衡思想的探索。首先，他赞同有计划按比例发展规律是社会主义经济特有的规律，坚持改革经济体制是为了改进国民经济平衡工作，应将市场机制的“反馈”机制作为社会主义计划经济的有机组成部分。他指出，从建立经济的方式可知，实现经济平衡也有两种方式：一种是资本主义经济下的自发地进行，另一种是社会主义经济中有计划地进行，两种方式都有缺点。计划经济体制下的最大弊端是缺乏反馈渠道，中央集中做的安排，“看起来经济是平衡的，实际上那些另一方面的不平衡被虚假的平衡外观掩盖着”，[②]这也是经济体制需要改革的原因。而市场机制的“反馈”作用正好可以拿来补充我们这种有计划方式的平衡之不足。同时，市场机制作用的盲目性和自发性应该加以有计划的引导，计划调节与市场调节不应该是有机结合，而应将市场作为计划经济的有机组成部分，或者说是有计划地利用市场进行调节。具体来说，可以运用价格等各种经济杠杆，有计划地指导、引导市场活动，市场及时反馈其活动中的不平衡，计划部门以此为据做出迅速反馈。其次，董辅礽深入探索积累和消费的比例关系。在积累和消费的比例关系上，董辅礽结合当时“一要吃饭，二要建设”的基本原则提出其根本要求就是处理好消费和积累的关系。“要处理好消费和积累的关系，最根本的是发展生产，在特定时期内创造出更多的国民收入”。[③] 在正常情况下，职工平均收入的增长速度应低于劳动生产率的提高速度，降低各种消耗，提高投资效果，对创造更多的国民收入具有特别重要的意义。同时，他对孙冶方关于国民经济平衡问题的理论观点，尤其是价值平衡和实物平衡的关系给予了高度肯定。这“不仅对于我们学习和讨论孙冶方同志的整个社会主义经济理论十分必要，而且对我国现阶段的社会主义建设和体制改革都具有一定的现实意义”。[④] 董辅礽认为平衡是相对的，不平衡是绝对的，但仍有必要经常自觉地保

---

① 财政信贷综合平衡理论［EB/OL］. 新浪财经，http://finance.sina.com.cn/hy/20131024/193717103412.shtml，2013-10-24.

② 董辅礽．国民经济平衡和经济体制的改革［J］. 社会科学辑刊，1981（6）：53.

③ 董辅礽．“一要吃饭，二要建设”是指导我国经济工作的一项基本原则［J］. 学习与思考，1982（12）：9.

④ 董辅礽．孙冶方关于国民经济平衡问题的理论观点［J］. 中州学刊，1983（6）：66.

持国民经济平衡。所谓国民经济平衡,就是资源的供给和需要之间相适应,即包括物质资源、财政资源和劳动力资源的供给需要之间的平衡以及三者相互之间的平衡。除了劳动力平衡外,还需要注重"社会再生产的实物运动和价值运动以及这两个方面的"[①]的平衡。其中,实物平衡是基础,但价值平衡更有意义,只有将这两方面平衡结合起来,才能节约劳动时间,高效使用资源。

董辅礽这些思想反映了这一时期我国学者在尝试以现代经济学规范发展国民经济综合平衡理论,进一步探索计划经济中如何更好地发挥市场的作用的努力,这些探索为进一步深化改革提供了理论依据。

以上文献以国民经济综合平衡为研究主题,系统论述了这一理论的内涵以及实践中的具体操作方法,充分将对理论的认识和发展与实际结合起来,推动了这一理论进一步发展完善。

1.3.3.2 作为社会主义经济理论重要组成部分的视角研究

孙冶方一直强调从价值平衡和实物平衡的关系看待国民经济综合平衡。在《社会主义经济的若干理论问题》(1979)中,他从价值论出发,认为国民经济综合平衡工作应该包括实物平衡和价值平衡两方面,忽视价值平衡的概念是"不可能有真正的经济观点"。[②]即使在社会主义、共产主义,也不能否认社会产品的使用价值和价值的二重性,正是由于价值形态和实物形态的矛盾无法解决,才会导致生产资料和消费资料之间、积累和消费比例以及各个部门比例失调。在关于价值平衡与实物平衡的关系上,孙冶方认为,价值的平衡要以实物的平衡为基础并且最终要保证实物的平衡。"没有物资平衡就无所谓国民经济计划"。[③]价值要以使用价值的存在为物质基础,价值的运动反映了实物的运动,并且具有相对独立性,但实物运动才是价值运动的终结。与此同时,孙冶方非常重视价值平衡的意义,并且着眼于劳动时间的节约。他认为,"综合平衡,归根结底是价值的平衡,而不是使用价值的平衡"。[④] 孙冶方在这里比较概括地提出了国民经济实现综合平衡的总原则是将两大部类的平衡、积累和消费的平衡、财政、信贷、物资及外汇的平衡以及它们的综合平衡建立在价值平衡和实物平衡的基础上。孙冶方认为,在国民经济计划管理中单一地使用价值平衡法不可能把经济计划做好,也就是不可能达到真正的综合平衡。因此,他强调要抓价值平衡。他所说的价值平衡,包括以下主要观点:要

① 董辅礽. 孙冶方关于国民经济平衡问题的理论观点[J]. 中州学刊,1983(6):68.

②③ 孙冶方. 社会主义经济的若干理论问题[M]. 北京:人民出版社,1979.

④ 孙冶方. 社会主义经济的若干理论问题(续集)[M]. 北京:人民出版社,1982.

大大提高利润指标在计划管理指标体系中的地位，要大大提高经济合同在企业生产计划编制中的作用。

孙冶方在国民经济平衡的研究中有了研究社会主义政治经济学的想法，并将国民经济综合平衡问题作为政治经济学的重要组成部分。他在研究社会主义总生产过程时提出，这部分应该以国民经济综合平衡的内容为其全部内容。孙冶方进一步认识到，计划工作就是综合平衡，综合平衡包括生产与消费、消费和积累、收入和支出的关系，两大部类之间及部类内部的平衡关系，财政、信贷、物资及外汇的综合平衡。计划的任务就是争取综合平衡已经达到最优速度。孙冶方批判了“积极平衡”，认为这是唯意志论的表现，对国民经济综合平衡是有害的。他在总结以往三十年的经验教训时得出，否认综合平衡，国民经济比例就严重失调，会造成严重的劳动耗费，计划工作的任务就是要在不平衡中寻求平衡。党的十一届三中全会以后，国民经济综合平衡问题得到重视。孙冶方指出调整就是进行国民经济的综合平衡，“无论从总结历史经验，还是贯彻当前的调整方针，综合平衡都是非常重要的理论问题和实际问题”。[①] 如何实现国民经济综合平衡，孙冶方强调，鉴于价值平衡和总量平衡的基础上，应该进行经济体制改革。为了做好国民经济平衡工作，孙冶方还指出必须改变价格结合，调整存在的不合理的价格。同时，孙冶方还主张加强统计工作的集中统一领导，以做好国民经济平衡工作。孙冶方作为我国著名的经济学家，将自己的研究扎根于当时的经济实践，始终坚持重视价值规律与国民经济综合平衡相结合，把国民经济综合平衡作为计划工作的首要任务，随着经济实践的发展，提出改革经济体制是实现国民经济综合平衡的必要举措，这些思想对当下建设社会主义都是非常宝贵的遗产。

许涤新在《中国社会主义经济发展中的问题》(1981)中明确提出国民经济综合平衡是一个全局性的问题，国民经济调整就是搞好国民经济综合平衡，处理好经济中各主要比例关系，“使国民经济的发展速度，有条件稳定地增长起来”。[②] 他用过去几个时期的数据资料证实了国民经济综合平衡与国民经济发展速度之间的同向变动关系。在总结国民经济综合平衡的历史经验和教训时，许涤新得出市场调节有利于搞活微观经济，同时要搞好综合平衡，加强国家的计划。只有在综合平衡的环境下，才能使微观经济真正搞活。这些结论为当时市场调节与国民经济综合平衡的关系做了重要的判断。他进一步指

① 孙冶方．社会主义经济的若干理论问题(续集)[M]．北京：人民出版社，1982.

② 许涤新．中国社会主义经济发展中的问题[M]．北京：中国社会科学出版社，1982.

出,要处理好全国与地方综合平衡的关系。当时改革经济体制,即重视市场的作用,也就是把国民经济有计划按比例发展规律同价值规律结合起来。这两个规律的一致性体现在都将社会总劳动时间根据社会需要按比例分配到不同生产部门,但它们又存在区别,价值规律是通过市场自发调节来分配的,而有计划按比例发展规律是在事前通过国家计划安排进行。

薛暮桥提出财政信贷平衡是国民经济综合平衡的首要任务。时任国家计委经济研究所所长薛暮桥在《社会主义经济理论问题》(1983)中,深入地总结、研究了新中国成立三十年社会主义经济发展的成就、经验教训和客观规律,专门论述了国民经济的发展速度、比例关系及综合平衡,提出了富有建设性的发展建议。他认为,建设社会主义必须遵循的客观经济规律有按劳分配规律、价值规律和国民经济按比例发展规律。他提倡和坚持国民经济稳定协调发展,认为计划工作的首要任务是搞好综合平衡,而综合平衡的根本任务是处理好积累和消费的关系、农轻重比例关系及部门间的关系。综合平衡首先是搞好财政、信贷、物资和外汇平衡,其次是社会总供求平衡。其中财政平衡是主要措施,要做好财政收支平衡;信贷收支是通过控制货币发行量实现;物资平衡要处理好建设规模与生产资料平衡,商品供应与购买力的平衡关系。薛暮桥认为财政信贷平衡是国民经济综合平衡的首要任务,决定了产品供需平衡和国际收支平衡。这一思想与宏观政策以财政政策为主的理念非常接近,并对我国后来的社会主义经济实践有重要的启示作用。薛暮桥也因对社会主义经济理论的贡献获得2004年中国经济学奖。

戴园晨从20世纪50年代就开始对所接触的经济问题进行宏观经济学的理论思考,后来由于“文化大革命”原因一度中断,直到1981年,中国社会科学院研究生院邀请他开设社会主义宏观经济学课程,后将讲稿编撰成《社会主义宏观经济学》一书。长期以来,我国对宏观经济、微观经济提法一度有所忌讳,认为宏观经济学属于资产阶级经济学,这部著作的出现无疑是一种思想的突破。书中将社会主义经济看作一个整体,“在社会化大生产中,社会需要和社会生产之间、各个不同的生产领域之间,客观上存在着一定的比例关系。……就要求把国民经济作为一个统一整体来加以组织,使人力、物力和财力得到最有效的利用,以保证全国经济均衡协调地合乎比例地发展,这正是社会主义优越性的表现”。[①] 社会主义所有经济活动的最终目标是最大限度地满足社会物质和文化需要,决定了社会主义宏观经济学的目标是要实现多目标的优化,将

① 戴园晨. 社会主义宏观经济学[M]. 北京:中国财政经济出版社,1986:5.

一系列经济目标统一起来,在处理经济发展和满足社会需要的关系上,要做好综合平衡,使国民经济有计划、按比例地发展。他从社会再生产的循环出发,提出“要是整个社会流通能够顺畅地进行下去,其条件是全社会有支付能力的需求同供应的商品在价值总量上能够平衡”。[①] 两大部类之间合乎比例是均衡的重要条件,同时应注意到国防建设同经济建设之间的比例关系、物质生产部门和非物质生产部门之间的关系。宏观分析中的定量分析要借助部门联系平衡法或投入产出分析法。如何使总需求和总供给相适应,在我国就是“组织财政、信贷、物资、外汇的综合平衡,以避免因需求不足引起流通阻滞,也避免分配失控引起需求膨胀,这是国民经济综合平衡的重要方面”。[②]总需求与总供给相适应则是宏观控制的核心,即需要控制国民收入分配,要做到这一点的前提是“需要认识宏观经济活动中各个总量之间的变量关系,以有效地控制各个环节的总量,使之保持合理地比例关系”。[③]由此可知,这是运用现代经济学语言表述国民经济综合平衡理论的一种有益探索。

宋则行是我国经济学界首次提出用总需求和总生产(即总供给)相平衡的分析方法分析国民经济综合平衡问题的学者。在 1981 年《人民日报》发表的题为《关于搞好国民经济综合平衡的几个理论问题》的文章中,他提出国民经济综合平衡就是“要求社会总需求和社会总生产相平衡,要求社会总需求的各个重要构成部分(如投资和消费)和社会总生产相应的各个重要构成部分(如生产资料生产和消费资料生产)相平衡。这就是说,要求社会总需求与社会总生产形成的社会总供给在总量上和结构上取得平衡”。[④]在此之前,宋则行(1981)指出,国民经济失调的重要原因是“积累和消费的总和超过了国民收入”(即“国民收入超分配”)的说法不准确,应该是“社会总需求超过了社会总生产(即社会总供给)”,并认为“搞好国民经济综合平衡的关键措施,一方面是压缩投资(特别是基建投资)、控制城乡人民的货币收入(工资、奖金、农产品的收购价格)的增长幅度,以控制社会总需求;另一方面是调整生产结构,逐步克服生产中的薄弱环节(农业、能源、交通运输、消费品工业等),提高宏观和微观的经济效果,以扩大社会总生产……现在看来,为了实现国民经济的稳定发展必须保持社会总需求与总供给(总生产)平衡这个提法,近几年来已为人们所普遍接受”。[⑤]1989 年出版的《社会主义宏观经济学》以社会总需求与社会总

① 戴园晨. 社会主义宏观经济学[M]. 北京:中国财政经济出版社,1986:59.

②③ 戴园晨. 社会主义宏观经济学[M]. 北京:中国财政经济出版社,1986:386.

④⑤ 宋则行. 社会主义宏观经济学[M]. 沈阳:辽宁大学出版社,1989:1.

生产的平衡为主线,借鉴西方经济学关于市场经济运行机制的宏观分析所使用的一些经济范畴和数量分析方法,“在评论有关著作的基础上,提出社会总需求与总供给平衡的基本公式以及分别引入财政收支、信贷收支、进出口贸易、资金流出流入后的社会总需求与总供给的平衡公式及其实现条件”。① 马克思说:“人人都同样知道,要想得到和各种不同的需要量相适应的产品量,就要付出各种不同的和一定数量的社会总劳动量。这种按一定比例分配社会劳动的必要性,绝不可能被社会生产的一定形式所取消,而可能改变的只是它的表现形式。”②这就要求保持社会生产和社会需要在结构和总量上的平衡。在生产资料资本主义私有制下,资本主义个人决策、社会生产和社会需要事先没有必然联系,社会劳动按比例分配、社会总生产和社会总需求在结构和总量上的平衡是通过价值规律的调节、市场价格的波动自发地实现的。生产资料社会主义公有制下,生产的目的是充分满足社会物质文化需要,人民的根本利益一致,国家可能对国民经济的运行实行计划调节;社会劳动按比例分配、社会总生产和社会总需求在结构和总量上的平衡是社会主义国家在全社会规模上自觉运用价值规律的基础上,通过计划的形式自觉地实现的。只有通过自觉地控制和调节社会总生产和社会总需求结构和总量的平衡,才有可能在整个社会范围内合理组织社会生产,使社会生产力诸要素达到最佳结合,做到“人尽其才,地尽其力,物尽其用”。“怎样自觉地调节和控制社会主义社会总生产和总需求的结构和总量的平衡,成为社会主义宏观经济学的主题”。③该书第四篇以规范分析的方法,考察国家怎样建立社会主义宏观经济的调控机制,以实现社会总需求和社会总供给之间的总量和结构平衡。可概括为遵循“国家调节市场、市场引导企业”的运行轨道,国家制定切合实际的科学的计划和政策,选择和确定符合计划和政策要求的各种经济参数,充分利用市场机制进行宏观调控,使生产力诸要素在社会规模上得到合理的组合,促进整个国民经济的稳定、协调、高效益的发展。上述结论为国民经济综合平衡理论发展为宏观调控理论提供了有益线索,宏观调控就是国民经济综合平衡的转型创新。

研究从社会再生产过程展开,将20世纪五六十年代的重要成果重新整理发表,如刘国光的《社会主义再生产问题》(1980)、董辅礽的《社会主义再生产和国民收入问题》(1980)、王梦奎的《两大部类对比关系研究》(1983)、刘国光与张曙光的《马克思关于社会再生产的原理及其在社会主义经济中的应用》

---

① 宋则行. 社会主义宏观经济学[M]. 沈阳:辽宁大学出版社,1989:3.

②③ 宋则行. 社会主义宏观经济学[M]. 沈阳:辽宁大学出版社,1989:10.

(1981),这些观点在前面已分别有介绍,此处不再赘述。

通过以上文献梳理可知,这时的国民经济综合平衡理论是对过去三十年社会主义经济建设正反两方面经验的总结和反思,坚持了有计划按比例规律的理论本质,是改革经济体制、调整国民经济必须要遵循的原则。此时的国民经济综合平衡要以社会总产品和国民收入为主体,以速度和比例为核心,首先要处理好积累和消费比例关系,这是搞好国民经济综合平衡的关键,进一步表现为社会总生产(总供给)和总需求在结构和总量上保持平衡的角度。其次寻找实现国民经济综合平衡的途径,即做到财政、信贷、物资、外汇的综合平衡,其中财政、信贷平衡起核心作用。这一路径既是国民经济综合平衡的重要方面,又是宏观经济控制的重要内容。在国民经济综合平衡的具体方法论上,从统计学的角度提出运用平衡表法、投入产出法、经济模型法等编制国民经济平衡表,为国民经济综合平衡提供可操作的工具。这些研究成果推动了国民经济综合平衡理论的发展深化,使这一理论更加系统化、更加符合现代经济学规范。

1.3.4 其他研究深化国民经济综合平衡理论

除上述专著形式的文献外,当时还出现了大量论文文献,可概括为以下几类:

(1)从理论层面探求国民经济综合平衡的重要性、必要性,为改革提供理论依据。从比例、计划、速度辩证关系理解国民经济综合平衡的意义和重要性,认为有计划按比例发展是实现国民经济综合平衡的主要方法。有学者在总结历史经验的基础上深化对国民经济综合平衡理论的研究,如陶增骥(1981);有学者则在马克思主义经济学的基础上深化综合平衡理论的认识,如罗季荣(1983)、于海军(1988)和董志煌(1988)。随着经济体制改革的深入发展,很多学者提出了有计划按比例实现国民经济综合平衡。所谓的比例计划,就是国家在对某些经济活动计划管理时不硬性下达绝对数计划,而是通过确定各种不同的比例来进行计划管理。[①] 王梦奎(1980)从比例、计划、速度三者的辩证关系理解国民经济综合平衡的意义和重要性以及改革经济体制的必要性。社会生产保持按比例发展是客观规律,这是一切人类社会物质资料生产都必须遵守的原则,违背这一原则,整个社会生产将不能正常进行。随着社会分工更加细化,按比例分配社会劳动愈加成为生产发展的内在要求和必要条件。资本主义生产是社会化生产,要求一定的比例关系,这种比例关系主要通

① 陈佳贵.要重视比例计划[J].经济体制改革,1984(8).

过价值规律自发调节实现，甚至通过周期性经济危机的破坏强制恢复平衡，使比例关系得到暂时调整。在整个资本主义私有制条件下，整个社会经济自觉地比例安排是无法实现的。社会主义经济条件下，通过自觉地计划、按照再生产所需求的比例关系组织社会经济活动是社会主义优越性的体现。探索经济体制改革的目的就是使国民经济更好地按比例发展。经常地、自觉地保持平衡，就是计划性。平衡就是按比例，平衡应该是计划和整个经济工作的基本原则。同时，"社会主义经济的发展和平衡是分不开的：发展是平衡中的发展，平衡是发展中的平衡。平衡是发展的条件，也是发展的一种形式。……要在不断地发展变化中，寻求和建立新的比例关系，使国民经济能够在新的平衡中进一步发展"。[①] 要实现整个国民经济的高速度，必须按比例，即国民经济综合平衡。洪远朋（1980）则进一步强调了马克思再生产理论对我国经济调整的指导作用，指出"运用扩大再生产的两个平衡条件和公式，搞好整个国民经济的综合平衡"。[②] 萧灼基（1980）重读马寅初的《综合平衡论》时，强调国民经济按比例发展的重要性，要处理好农轻重比例、积累和消费比例，利用价值规律发展计划经济，国民经济的调整要按比例，计划和价值规律调节相结合。骆耕漠（1981）在理解马克思经典著作基础上指出，社会的分工生产必然要按比例，这是人类社会各阶段的一个永恒存在的经济规律，但在不同社会里，其表现不同。在资本主义制度下，价值规律及其自发调节作用扮演着按比例生产规律的唯一主角。苏星（1984）在读陈云的《关于第一个五年计划的几点说明》的基础上，提炼出计划、按比例、综合平衡的经济发展规律。田江海（1986）则在回顾新中国成立三十五年来经济发展经历的"协调—失调—调整—协调—再失调—再调整—再协调"的曲折过程的基础上，指出"国民经济综合平衡理论与国民经济的发展形势紧密相关。一方面，它随着国民经济发展提出的客观需要和实践结果使本身内容得到不断充实和修正；另一方面，它以本身正误和科学性的程度，直接灵敏地影响着国民经济的运转"。[③] 总结30多年国民经济综合平衡理论的发展轨迹，经历了传播—奠定基础—探讨—停顿和倒退—在深度和广度上进展，已初步形成国民经济综合平衡理论体系。这个体系大致包括综合平衡的理论基础、对象、内容、任务和方法。具体来说，国民经济综合

① 王梦奎．比例·计划·速度[J]．经济研究，1980(6)：15.

② 洪远朋．运用马克思再生产理论做好调整工作，促进国民经济有计划按比例发展——读《资本论》札记[J]．经济问题探索，1980(3)：29.

③ 田江海．民经济综合平衡理论，载于经济研究编辑部．中国社会主义经济理论的回顾与展望[M]．北京：经济日报出版社，1986：312.

平衡是以马克思主义再生产理论为指导，以我国实际情况为出发点，以社会总资源、总生产能力和社会总需要的平衡为主要内容，以社会产品和国民收入的生产、分配、交换和消费为核心，以现代核算工具和一系列平衡表为方法，以满足人民生活需要为目标。[①] 国民经济综合平衡理论进展的轨道是由两条干线铺成的：一条是紧密结合国民经济发展的实际；一条是坚持实事求是的思想路线。在回顾了建国30多年的进展后，田江海进一步指出了未来研究的新课题包括国民经济综合平衡与价值规律、国民经济平衡与企业的计划决策权、价值平衡与实物平衡以及整体总量平衡与具体结构平衡、计划平衡与实现平衡、战略平衡与战术平衡。田江海的这一总结性研究指明了这一理论未来的研究方向，对本书有很重要的启发。

（2）具体操作层面探索国民经济综合平衡的手段、方法。刘志彪（1986）从投资的调节机制探索国民经济综合平衡的手段。卫兴华等出版的《社会主义经济运行机制》（1988）提出“计划调节市场机制，市场机制调节企业经营活动”的思路。之后，他撰文对这一思路的运行过程和作用原理作了具体说明。计划是宏观调控的出发点和归宿点。宏观调控方式主要是政策性调控，“具体包括货币政策、宏观收入分配政策、金融政策、财政政策、投资政策等”，[②]其中财政政策是国家掌握的最强大的宏观调控手段之一，是传统体制下实行高度集中管理体制的主要支柱，在新的经济体制下，是实现国民经济间接控制的重要杠杆。如何将计划经济与市场调节结合实现国民经济综合平衡是这一时期研究的热点，刘国光和赵人伟（1979）、孙冶方（1980）、许涤新（1982）、沈立人（1982）、白钦先（1985）、卫兴华（1990）、厉以宁（1992）等对这一问题积极建言献策。此外，在财政学界，以许毅和邓子基（1983）为主要代表，发展了国家分配论，一方面运用马克思主义再生产原理分析财政分配在社会再生产的地位和作用，着重研究分配结构对形成合理的国民经济结构的作用；另一方面从生产资料所有制这一社会经济结构的主要标志出发，深入研究财政分配与社会经济结构的关系。可以说，这一层面的研究是从本质层面探索国民经济综合平衡。在银行信贷领域，有学者从信贷平衡角度，探索国民经济综合平衡的方法，如刘鸿儒（1981，1983，1986）。还有学者从国民经济比例失衡的角度，分析失衡的原因，探索实现国民经济综合平衡的方法，如科尔奈的《反均衡》

① 田江海．国民经济综合平衡理论，载于经济研究编辑部．中国社会主义经济理论的回顾与展望［M］．北京：经济日报出版社，1986：320.

② 卫兴华，魏杰等．国家调节市场，市场引导企业的运行过程和作用原理［J］．江西社会科学，1988（4）.

(1988)中译本、厉以宁的《非均衡的中国经济》(1989)、魏杰的《失衡经济学》(1991)等。

(3)定量分析探索国民经济综合平衡的具体操作方法。余光中(1983)指出运用规划理论,切实有效解决国民经济综合平衡的方法论问题,在静态规划模型已有相当发展的前提下,应致力于动态规划模型探索更加可行的方法。还有学者运用目标规划方法(陈秉正,1985)、价值量平衡(陆百甫,1987)、统计分析方法(岳巍,1988)等探索国民经济综合平衡的具体操作方法。

这时期国民经济综合平衡理论在理论内容上更加重视财政信贷平衡,并将其作为实现综合平衡的主要手段,这为后来主要运用财政政策、货币政策宏观调控的理论与实践做了前期的准备,使国民经济综合平衡理论转型为宏观调控理论成为一种自然而然的过程。在实现方法上,国民经济综合平衡成为国民经济调整中宏观控制应遵循的原则,操作方法更加具体,对市场调节(价值规律)的作用更加重视。国民经济综合平衡在理论内容上不断扩展,不再局限于经济总量、结构的平衡,已扩展到了动态协调,更加注重财富分配、收入分配平衡等深层次内容;在方法上由之前注重定性分析转向应用数学分析、投入产出等定量分析上,可操作性更强。

1.4　国民经济综合平衡理论的转型创新

从1992年正式确立社会主义市场经济体制开始至今,国民经济综合平衡理论得到转型创新。这时期研究的重点是如何在社会主义市场经济、改革开放和全球化的双重条件下实现国民经济的综合平衡,发挥市场(主要是企业)在资源配置中的基础性作用(1992~2012年)、决定性作用(2012年以后),更好地发挥党和政府的作用。从文献数量上看,这时以国民经济综合平衡命名或作为研究内容的文献明显减少,宏观调控为主题的研究文献大量涌现。相关文献包括两类:一类强调国民经济综合平衡理论在社会主义市场经济条件下仍有用武之地,如李成瑞(1996)、吴易风(1996,2005)和刘国光(2005,2014)的研究。在陈云诞辰一百周年研讨会上,黄达、周小川、刘国光和纪宝成等学者从不同角度重提陈云的综合平衡理论,强调要重视这一理论的当代价值。另一类文献从思想史的角度,挖掘国民经济综合平衡理论对当代的启示,如陈云综合平衡思想的研究(常青,1998;王杰,1999;姚泽南,2002;吴易风,2005;赵世刚,2005;孙武安等,2005;黄筱荣,2006;张凤翱,2006,2013;江泰然,2009;程霖,2010;金邦秋,2010)、毛泽东建国后经济建设思想中的综合平衡思想研究(宋海儆,2009,2013;王家芬,2009)、马寅初综合平衡思想研究(朱新镛,2007;蔡群起,2013)。另外,一些学位论文在新时代背景下,将陈云(杨尚文,2008;代月玲,2010;马建梅,2011;蒋卓,2015;谢慧,2016)、毛泽东(边媛,2008)、马寅初(蔡群起,2013)、布哈林(刘凡,2012;安然,2015)等的国民经济综合平衡理论作为选题,挖掘这一理论的时代价值。

1.4.1 国民经济综合平衡理论在社会主义市场经济中仍有用武之地

国民经济综合平衡理论的核心内容也是宏观调控的主要内容。国民经济综合平衡的核心内容可概括为财政、信贷、物资与外汇综合平衡,即通常所说的“三平衡”“四平衡”理论。作为社会化生产按比例发展规律的反映,国民经济综合平衡理论“是我国宏观经济管理长期坚持并行之有效的重要原则”。[①]随着我国社会主义市场经济体制改革的不断推进,社会经济环境变了,对宏观经济管理的要求也发生了变化,国民经济综合平衡理论也应当不断发展。李成瑞(1996)指出“四大平衡理论也像从实践中产生的其他理论一样,包括不同层次。它的基本理论层次是反映客观规律的、长期起作用的(当然,基本理论也要随着情况的变化和主观认识的加深而发展);而它的具体运用方法层次,则是反映某一时期具体条件下的实际要求的”。[②]“四大平衡”在理论层面反映了社会主义有计划按比例发展规律和中国的国情,但在具体方法层面却打上了传统计划经济体制的烙印。作为客观规律的反映,国民经济综合平衡理论体现了按比例规律的要求,是马克思社会再生产理论关于实物形态和价值形态在两大部类之间及部类内部之间平衡关系的具体运用,是指导中国经济保持速度、效益协调发展的重要理论。国民经济综合平衡理论,尤其财政、信贷、物资、外汇四大平衡,在社会主义市场经济条件下具有比过去更重要的作用。宏观调控是以间接为主,财政和信贷的作用更加重要,同时,对价值形态的调控取代了过去实物调控,资金平衡变得更加重要,其中财政、信贷资金的平衡的地位更加重要。国民经济综合平衡要求社会总需求与总供给平衡,社会主义市场经济条件下,这一任务更加复杂,尤其要控制好财政、信贷这两个“闸门”。这一做法与西方经济学中认为财政政策和货币政策是两个主要宏观政策的观点是一致的,可见这是一个普遍规律。但在社会主义市场经济的新

① 王国民.国民经济综合平衡思想应该发展[J].经济研究,1987(7):80.

② 李成瑞.社会主义市场经济条件下“四大平衡”理论的再认识[J].经济研究,1996(1):44.

条件下,国民经济综合平衡理论的具体运用方法要根据新情况,借鉴西方经验,加以发展和完善。

吴易风(1996)认为,陈云的综合平衡理论就是"从宏观经济角度出发,在众多的比例关系中抓住了财政收支平衡、信贷收支平衡、物资供需平衡和外汇收支平衡。……不仅重视这四者的各自平衡,而且强调它们之间的同时平衡"。[①] "综合平衡理论具有广泛的应用范围。它既适用于社会主义计划经济,又适用于社会主义市场经济。……在社会主义市场经济体制下,综合平衡理论还需要进一步丰富和发展;除了学习马克思的有关论述,并适当参考西方宏观经济均衡理论之外,最根本的还是从实际出发,研究和总结我国自己的经验"。[②] 综合平衡理论的生命力就在于,它来源于社会主义经济建设的实践,又指导实践,并随着实践的变化而不断发展。

刘国光(2005)明确地指出了宏观调控与国民经济综合平衡的关系,"经济波动不论在计划经济条件下还是在市场经济条件下都会周期发生,虽然规则不尽相同。计划时期也有宏观调控,虽然不叫'宏观调控',它属于政府的宏观微观无所不包的计划管理和综合平衡,运用行政性的直接控制手段展开。社会主义市场经济条件下,'宏观调控'主要运用各种间接的经济手段进行"。[③]

在陈云诞辰一百周年的研讨会上,[④]王春正认为陈云的"四大平衡"是着眼于全局的平衡、统筹协调的结构平衡、注重发展的动态平衡,对加强和改善宏观调控,落实科学发展观,保持国民经济平稳较快发展具有重要的指导意义,对我国社会主义经济建设具有长期指导作用。周小川认为陈云的稳定币值思想、四大平衡理论以及积累和消费比例关系的提法对中央银行工作具有深刻指导意义。刘国光认为陈云的综合平衡思想要求尊重客观规律,处理好各种经济关系,使各种经济关系和经济变量基本平衡,只有这样才能实现协调、可持续性发展,因此,其中贯彻了科学发展观的思想。黄达认为,陈云开创的综合平衡理论,本质目标是追求宏观经济动态协调和均衡,这是客观进程的内在规律性所要求的,也是现代经济核心问题的理论概括,是在中国实践土壤上独立发展起来的理论,是人类经济思想中的宝贵财富。这些观点不仅为后人丰富和发展国民经济综合平衡理论指明了方向,而且还给出了正确的路径、方法。鄢一龙(2017)提出的"新鸟笼经济"就做了这方面的尝试。所谓的

---

① 吴易风. 综合平衡理论——珍贵的经济理论遗产[J]. 高校理论战线,1996(5):27.

② 吴易风. 综合平衡理论——珍贵的经济理论遗产[J]. 高校理论战线,1996(5):28.

③ 刘国光. 我国宏观调控的演变[J]. 经济研究参考,2004(5):9~10.

④ 中国金融[EB/OL]. 新浪财经,http://finance.sina.com.cn,2005-06-14.

“新”是与当年陈云的“鸟笼经济”相比，将信息调控与传统的调控手段结合，将陈云财政收支、银行信贷、社会购买力与物资供应、外汇收支的四大平衡思想，在新时代发展成为在四大平衡的基础上，加上实体经济与虚拟经济、经济发展速度与资源环境承载力之间的重大结构平衡。① 党的十八大以来，围绕计划与市场的角色展开的争论，其核心就是如何实现国民经济综合平衡，即按比例发展规律。社会主义经济规律要求有计划，市场经济则需要价值规律发挥作用，建设社会主义市场经济，就需要将国家计划调节与市场价值规律有机结合，形成“双强”的格局。因此，在新时代，国民经济综合平衡的理论内核在当前依然有重要的理论价值。

1.4.2 国民经济综合平衡理论的转型创新

随着社会主义市场经济体制的建立和完善，我国宏观经济管理主要运用财政政策和货币政策调控经济社会发展的失衡问题，包括经济增长与就业增长失衡、投资增长与消费增长失衡、城乡地区经济发展的失衡、经济社会发展的失衡、收入分配差距以及经济政治体制改革不配套等，这些均衡关系也成为新时期国民经济综合平衡的主要内容。因此，此时关于国民经济综合平衡的研究主要集中在间接调控，包括国民收入分配平衡和财政信贷平衡，从深层次探索国民经综合平衡的路径。

1.4.2.1 宏观调控的视角转型创新国民经济综合平衡

2002~2005 年，刘国光连续发文论证政府职能的转变以及宏观调控在社会主义市场经济条件下的角色转换，进而探索实现经济均衡的机制。在社会主义市场经济条件下，宏观调控是实现经济均衡、促进经济发展的主要机制。宏观调控一般是指国家按照客观经济规律，“通过各种调控手段，对国民经济进行总体调节和控制，引导国民经济持续、健康、协调发展”。② 政府的职能和财政功能应该转向一些经济发展中的长期问题，尤其是经济非均衡的问题，包括经济增长与就业增长的非均衡、投资增长与消费增长非均衡、城乡、地区经济发展的非均衡、经济发展与社会发展非均衡、收入分配差距急剧扩大、经济改革与政治改革不配套等。③ 谢伏瞻（2011）回顾了我国宏观经济调控的历

① 鄢一龙．马云所说的计划经济，和陈云说的是一回事儿吗？［EB/OL］．观察者网，http://www.guancha.cn/ZuoYiLong/2017_06_17_413716.shtml.

② 刘国光．关于宏观调控若干问题的思考［J］．北京行政学院学报，2005（10）：24-28.

③ 刘国光．谈谈政府职能与财政功能的转变［J］．宏观经济研究，2003（10）：3-7.

史,将其分为四个阶段,进行了四轮宏观调控。第一轮(1993~1997 年)围绕当时的严重通货膨胀,运用适度从紧的财政政策和货币政策实现了经济"软着陆"。第二轮(1998~2003 年)围绕亚洲金融危机的冲击,出台稳健的财政政策和货币政策,首次提出扩大内需以应对生产过剩问题。第三轮(2004~2007年)围绕经济过热,财政政策由积极改为稳健,货币政策由稳健改为从紧,前瞻性地预防了一些问题的发生,使我国经济在较长时期呈现高增长、低通胀的良好局面。第四轮(2008~2011 年)围绕国际金融危机的冲击,政策走向又发生了转变,财政政策由稳健转向积极,货币政策由从紧转向适度宽松,实施一揽子计划,通过多种措施的有机结合,有效应对了国际金融危机。这次宏观调控表明,将宏观调控与市场的基础性作用有机结合,能够避免经济出现大的波动。"市场作用多一些还是宏观调控作用多一些,必须相机抉择。经济环境发生重大变化、经济发展出现重大起伏时,应采取强有力的宏观调控,保持经济平稳较快发展"。① 党的十八大以来,刘国光和程恩富(2014)等就政府与市场的角色问题,强调建立社会主义市场经济体制,要尊重市场价值规律,但是不能丢掉公有制下有计划按比例发展规律,②需要将市场决定作用和更好发挥政府作用看作一个有机的整体。既要用市场调节的优良功能去抑制"国家调节失灵",又要用国家调节的优良功能来纠正"市场调节失灵",从而形成高效市场即强市场和高效政府,也即强政府的"双高"或"双强"格局。③ 刘元春(2018)认为,新时期我国的宏观调控理论,超越了传统的财政、货币、物质、外汇四平衡,将宏观调控目标扩展到稳增长、促改革、调结构、惠民生和防风险,统筹各类长期目标和短期目标;超越了西方宏观管理的教条,依据国家中长期战略规划目标和经济改革目标实施短期宏观调控,确保短期宏观调控保持战略定力、服务于现代化建设和民族复兴大局;超越西方危机管理的强刺激教条,从"大水漫灌"的调控模式转向创造性地确立了区间调控思路,明确经济增长合理区间,在区间调控基础上采取定向调控、相机调控以及精准调控等新举措。宏观调控的做法一直贯穿共产党领导中国经济建设的全过程。传统计划经济时期,中央政府高度集中,从微观到宏观全盘计划,并遵循按比例规律即国民经济综合平衡的原则,实践证明,高度集中的计划有缺陷,结果是无法实现国民经济综合平衡。在马克思主义指导下,我党和国家及时调整改革,建设

① 谢伏瞻. 改革开放以来我国宏观调控的实践和理论创新[J]. 经济研究,2011(6):4-6.
② 刘国光. 关于政府和市场资源配置中的作用[J]. 当代经济研究,2014(3).
③ 刘国光,程恩富. 全面准确理解市场与政府的关系[J]. 毛泽东邓小平理论研究,2014(2).

社会主义市场经济,把实现按比例规律的两种方式相结合,国家计划通过宏观政策作用于国民经济,更好地实现国民经济综合平衡。宏观调控不仅包括财政政策、货币政策,还包括其他很多手段。充分考虑到国民经济内部以及国民经济与人口、资源、环境等外部系统的关系,这些做法拓展了国民经济综合平衡的内容,是对这一理论的创新和发展。

1.4.2.2 国民收入分配视角探索深层次经济平衡

宏观经济的结构平衡的深层原因在于社会财富分配是否均衡。刘国光在2010~2011年主要研究收入分配,他指出经济建设中心包括两个方面:一个是把蛋糕做大,另一个是把蛋糕分好。① 党的十七届五中全会通过的"十二五"规划体现了社会建设,即分蛋糕的重要性。我国的基尼系数为0.5左右,分蛋糕应作为经济工作重点,否则会影响到继续做大蛋糕。老百姓的满意程度差,积极性发挥不出来,蛋糕就没法继续做大。转变经济发展方式首先要扩内需,就要解决好分蛋糕的问题。分蛋糕会影响购买力,进而影响经济发展方式转变、调结构以及扩大内需。也就是说,收入分配问题成为研究当前经济均衡的重点课题,而收入分配的核心问题是贫富差距扩大。造成差距原因很多,但财产关系决定分配关系,财产占有的差别才是收入差别的最大影响因素。因此,贫富差距扩大的最根本因素是所有制结构和财产关系的"公"降"私"升、化公为私,使财富迅速集中于少数人,解决方法除经常提到的财政措施,还必须从所有制结构上下功夫。②

1.4.2.3 财政信贷综合平衡是实现当代国民经济综合平衡的核心

以人民大学的黄达、周升业和陈共等为代表的研究团队进行了一系列这一主题的研究。黄达(1995)认为,财政、金融和国有企业财务改革对过去经济改革成就功不可没,但却存在畸形格局。"财政的力量越来越弱,国有企业被资金箍得喘不过气来,金融也日益迫切体验到难以独木撑天"。③ 财政、金融和国有企业之间的资金宏观配置格局有必要进行合理调整。随后,黄达提出"宏观调控所要把握的核心,就是市场总供给与总需求对比的总量界限,而货币供给的增减以及有多大部分形成现实的市场需求,则是宏观决策必须抓住的根本环节"。④ 周升业多年关注财政信贷平衡问题,与黄达一起成为"财政信贷

① 刘国光. 分好蛋糕比做大蛋糕更困难[J]. 江淮论坛,2010(11):5-6.

② 刘国光. 收入分配的核心问题是贫富差距扩大[J]. 前线,2011(12):27-28.

③ 黄达. 议财政、金融和国有企业资金的宏观配置格局[J]. 经济研究,1995(12):8.

④ 黄达. 宏观调控与货币供给[J]. 中国社会科学,1993(9):3.

综合平衡理论”的创始人,他指出财政收支和货币吞吐可以用来弥补差额。随后,他将研究扩展到货币流通、货币创造以及外汇占款等,发现信贷资金与其他市场资金互动、互补、此消彼长的规律,提出应将外汇纳入财政信贷分析框架,扩展了这一理论。陈共从财政信贷统一平衡的角度,结合中国实际,论证了财政赤字的合理性。财政自身的平衡并不能实现综合平衡,为了真正有效实现综合平衡,合理的赤字是必要的,突破了我国一直以来“收支平衡,略有结余”的财政传统。这一论断被后来的实践证明是正确的,如1998年我国推出积极财政政策应对亚洲金融危机等。针对1998~2005年我国财政政策实践中的效应,陈共在大综合平衡观的原则下,总结我国财政政策实践经验,为我国财政理论体系建立做出了贡献。

通过梳理以上文献可知,这时以国民经济综合平衡理论命名或作为研究内容的文献明显减少,给人造成一种假象,即在社会主义市场经济条件下,这一理论已经过时。但我们注意到宏观调控的很多提法、措施与国民经济综合平衡理论的内容非常相似,如都以中央政府为主体,通过制订计划、规划,以实现国民经济的按比例协调平稳运行。究其原因,国民经济综合平衡理论和宏观调控都是按比例规律发挥作用的体现。按比例规律是社会分工条件下的普遍经济规律,在传统计划经济体制下,这一规律是以国家计划为主,市场价值规律为辅发挥作用,社会主义市场经济条件下,按比例规律的实现方式转变为国家调节(计划)与市场调节(价值规律)有机结合。新时代,国民经济综合平衡的理论内核即按比例规律依然在发挥作用,过时的是其实现方式,而宏观调控就是在实现方式上对国民经济综合平衡理论的转型创新。

1.5 国民经济综合平衡理论的内涵及特点

通过以上对新中国成立前夕至今70多年政界与学术界的相关文献资料梳理,我们对国民经济综合平衡理论的发展脉络有了较为全面系统的认知,为解决前面提出的两个问题做理论铺垫。

1.5.1 国民经济综合平衡理论

国民经济综合平衡理论是随着中国共产党领导中国经济实践的历史而发展起来的,经历了形成、发展深化和转型创新三个时期,历经70多年的历程。其在不同时期呈现出不同的特点(见表1-1),我们可以提炼出一些一般的规定。

表 1-1 不同时期国民经济综合平衡理论比较汇总

阶段	萌芽时期（20 世纪 40 年代至 1956 年）	形成时期（1956~1977 年）	发展深化（1978~1992 年）	转型创新（1992 年至今）
时代背景	战时国民经济管理；保障战时需要，恢复经济建设	社会主义经济制度确立，计划经济体制和重工业优先发展战略，封闭建设，生产供给不足	经济调整，“国家调节为主，市场调节为辅”“国家引导市场，市场引导企业”，“卖方”向“买方”转变	社会主义市场经济、改革开放及全球化
研究代表	陈云、王学文、薛暮桥等	政界，毛泽东、陈云、薄一波、李富春等；学术界，马寅初、杨坚白、孙冶方等	政界，陈云、薄一波、邓小平；学术界，孙冶方、宋则行、薛暮桥、黄达、邓子基	政界，江泽民、胡锦涛、习近平等国家领导人；学术界刘国光、邓子基、黄达等
理论内容	贸易、金融、财政全盘筹划，农轻重产业结构保持适当比例，物资供应平衡；“物资本位”	重轻农、沿海内地、经济国防、个人与集体利益、中央与地方、积累和消费、生产关系和上层建筑、生产和流通、物资供应与储备、建设规模与国力相适应；社会主义国家要按比例和综合平衡；财政平衡是关键，物资平衡第一位，三平、四平是条件，紧张、短线平衡，利用价值规律，国民收入为出发点，价值和实物平衡，财政信贷专题研究	计划与市场关系（鸟笼论）、比例和速度，财政平衡关键，不搞财政赤字，农轻重、国民收入分配、积累和消费、经济与政治、地方与国家平衡、战略性比例关系是积累和消费，财政信贷统一平衡，核心是控制货币供给，利用市场的反馈机制，价值与实物平衡，财政信贷平衡第一位，其次产品总供求平衡，外汇平衡	国民经济综合平衡理论的时代价值，综合平衡与宏观调控的联系，财政、信贷平衡是宏观经济控制的关键，国民收入分配平衡，探寻深层次平衡
本质	统筹兼顾、适当比例	按比例发展	按比例发展、节约劳动	统筹、科学、协调、可持续发展
原则	保障战时需要	人民利益为出发点和归宿	人民需要为出发点、归宿	以人为本
手段	行政手段为主，借助经济手段、市场条件	主要供给计划为主，满足多样性需求市场为主，抓薄弱环节、短线，方法具体化，国民经济平衡表、统计	经济体制改革，计划和市场调节相结合，宏观控制，编制计划为先导，投入产出法、数学方法和预测方法，编制平衡表体系，从消费资料出发，总供求平衡角度	市场在资源配置中发挥基础性作用、决定性作用，重视国家调控，形成“双强格局”

续表

阶段	萌芽时期（20 世纪 40 年代至 1956 年）	形成时期（1956~1977 年）	发展深化（1978~1992 年）	转型创新（1992 年至今）
实践效果	财政平衡有余、金融物价稳定、外贸出超、粮食供应充足，供求紧平衡	“大跃进”前后遵循综合平衡，经济较快发展，大跃进忽视综合平衡，导致比例失调，形成鲜明对比	宏观经济稳定、社会总供给总需求总量、结构平衡，物价稳定、财政信贷平衡、外汇平衡	成功抵御 1997 年亚洲金融危机、2008 年以来全球金融、经济危机，经济稳定运行

注：根据文献整理所得。

国民经济综合平衡是指国家通过宏观经济管理，使社会经济发展按比例，即国民经济发展的总供求规模、结构、比例、效益和速度相互协调。从内容上看，国民经济综合平衡不仅包括社会再生产过程两大部类的综合平衡（生产、分配、交换、消费四个环节及其各自内部的综合平衡），财政、信贷、物资、外汇的平衡，社会总供给、总需求总量平衡与结构平衡，还包括深层的生产力与生产关系、经济基础与上层建筑、不同群体不同阶层的利益分配格局、个人、集体与国家的财富分配格局、中央与地方、一二三产业、城乡之间、区域之间、经济与国防、经济发展与生态可持续等平衡关系。21 世纪中国提出的科学发展观、新发展理念是对国民经济综合平衡理论在新的历史条件下的继承、发展和创新。

实现国民经济综合平衡，就要做到统筹兼顾、适当安排、科学发展、协调发展。一方面，加强国家宏观调控；另一方面，充分发挥价值规律、市场调节的作用，促进经济的持续、稳定、协调、高效发展。

1.5.2 国民经济综合平衡理论的特点

1.5.2.1 国民经济综合平衡理论最大特点是实践性

这一理论来自我国社会主义经济建设实践的经验总结，并指导实践，随实践的发展而不断发展。通过梳理上述文献可知，这一理论孕育于战时宏观经济管理的实践中，之后在理论与实践的互动中发展深化和创新。20 世纪 50 年代中后期到 60 年代中期的研究是对这一时期社会主义经济建设实践经验的总结。“一五”时期，虽没有系统的国民经济综合平衡理论做指导，主要是学习借鉴苏联的国民经济平衡表及其编制方法，但在实践中，我们非常重视平衡，陈云提出了“合比例就平衡，平衡了就大体合比例”的观点，在具体工作中摸索出了国民经济综合平衡的原则，如统筹兼顾、适当安排，财政、信贷、物资平衡，积累和消费比例恰当，在资金和物资分配上首先生活、然后生产、最后基建，建设规模与国力相适应等。随后，“大跃进”带来的国民经济比例失调引发了学术界围绕速度与国民经济综合平衡关系展开讨论，围绕“积极平衡”“消极平衡”“以钢为纲”等当时争论的焦点展开。在必须进行国民经济调整的背景下，学者们对国民经济综合平衡的认识才比较全面和深刻。这些实践经验为当时的理论研究提供了土壤，才有了学术界以马寅初、杨坚白、薛暮桥、孙冶方、董辅礽等为代表的研究成果。这时的研究主要集中在：①国民经济综合平衡的必要性和重要性，即要不要综合平衡。②国民经济综合平衡的主要内容包括农轻重的比例关系、积累和消费的比例关系、社会总需求与总供给的平衡。③实现国民经济综合平衡的路径主要是从社会总产品或国民收入为出发点，研究国民收入分配为积累和消费的比例关系及确定方法，将积累与消费的比例关系发展为社会总需求与社会总供给之间数量和结构的关系，重视价值规律的作用，将价值平衡和实物平衡相结合，探讨速度与平衡、重点与一般的原则方法。④从具体角度探讨实现国民经济综合平衡的方法，如运用唯物辩证法、整体的方法以及学习借鉴苏联的国民经济平衡表方法。可见，国民经济综合平衡理论体系在这一时期已初步形成，大体包括了理论基础、对象、内容、任务、路径和方法。具体来说，国民经济综合积极平衡理论是以马克思社会再生产理论为指导，研究我国国民经济运行和社会再生产，以农轻重比例关系、积累和消费比例关系、社会总供求比例关系为内容，以社会总产品和国民收入的生产、分配、交换、消费为核心，主要运用平衡表法编制一系列平衡表，以实现国民经济综合平衡，最终目的是满足人民生活需要。这一理论为指导当时的社会主义经济建设提供了理论依据。

虽然一度因为“十年动乱”，国民经济综合平衡理论的研究处于窒息阶段，但只要具备一定的经济条件，对真理的追求就不会停下来。随着“文化大革命”的结束，面对国民经济比例严重失调的状况，学术界进行反思、总结，国民经济综合平衡理论的发展也进入了全新的时期。尤其党的十一届三中全会后要求解放思想，实事求是，实践中又一次进行国民经济调整，并提出经济体制改革；在理论上，掀起了学术界的第二次国民经济综合平衡研究热潮，主要聚焦从国民经济综合平衡角度论证改革经济体制的必要性。这一时期国民经济综合平衡的必要性和重要性已经形成共识，研究的重心主要聚焦在如何搞好综合平衡。在理论内容上，国民经济综合平衡的理论依据、哲学基础、内容和原则等问题已基本达成一致，深化一些基本概念，如对平衡的相对性、价值平衡的重要性以及不平衡的情况等有了新的理解。在实现国民经济综合平衡的路径上,在吸收借鉴现代经济学的基础上使分析过程逐渐符合宏观经济学的分析规范,即以国民收入分配为中心,突出财政信贷平衡在社会总需求总供给总量和结构平衡中的关键作用,进一步明确计划调节与市场调节有机结合的必要性、价值规律的作用以及指导性计划更有利于推动国民经济平衡。在研究的范围上,将经济结构、经济效益、经济体制改革、生态环境、国防事业等与国民经济综合平衡的关系纳入其中;在实现综合平衡的具体方法上,以平衡表为基础,借鉴现代经济学的核算工具,如投入产出法、经济模型等,使国民经济综合平衡更具有可操作性。在 1992 年我国正式提出社会主义市场经济体制改革的决定以后,面对国民经济中存在的新的比例失衡的问题,学术界在丰富发展国民经济综合平衡理论方面继续探索,明确提出国民经济综合平衡理论在基本理论层面依然适用于社会主义市场经济体制,在具体方法上,则应该不断发展,以适应新的经济条件,尤其"三平衡""四平衡""物资本位"等方面的经验,对社会主义市场经济条件下以财政政策、货币政策为主要内容的宏观调控具有重要启示作用。可见,国民经济综合平衡来源于我国社会主义经济建设的实践,又为实践提供了理论指导,并随着经济实践的发展变化而不断发展创新。实践的特性决定了这一理论在当代不但不过时,而且具有很强的生命力。

1.5.2.2 国民经济综合平衡理论是马克思经济学按比例规律中国化的理论成果,是马克思主义中国化的成果之一

马克思指出"要想得到和各种不同的需要量相适应的产品量,就要付出各种不同的和一定数量的社会总劳动量"。[①] 按比例规律是按比例分配社会劳动规律的简称,是社会生产与社会需要之间矛盾运动以及整个国民经济协调发展的规律。按比例规律的内在要求表现为人、财、物的社会总劳动要依据需要按比例地分配在社会生产和国民经济中。也就是说,在社会生产与需要的矛盾运动中,各种产出与需要在使用价值结构上要保持动态的综合平衡,以实现在既定条件下靠最小的劳动消耗来取得最大的生产成果;在整个国民经济中,要保持各种产业和经济领域的结构平衡。[②] 按比例规律是贯穿人类社会各种经济体制的普遍规律,只要有分工,就需要按比例规律。因此,按比例规律的实现形式随着社会分工与经济体制的不同而变化。这一理论的中国化进程,

---

① 马克思,恩格斯. 马克思恩格斯全集(第 32 卷)[M]. 北京:人民出版社,1972:541.

② 高建昆,程恩富. 按比例规律与市场调节规律、国家调节规律之间的关系[J]. 复旦学报(社会科学版),2015(6).

始终围绕国民经济按比例发展、社会总供求总量和结构平衡问题展开,以社会总产品和国民收入分配为积累和消费的比例关系为中心,探索不同时期不同经济条件下,运用财政、信贷、物资、外汇综合平衡等手段,通过编制国民经济平衡表、运用投入产出法等现代核算工具、方法来实现。20世纪五六十年代的研究主要集中在学习运用马克思主义再生产理论和苏联经验,并结合中国社会主义经济建设实践。此时,学术界认识到国民经济是一个有机整体,社会生产按比例发展规律是必须遵循的普遍经济规律。按比例规律要求社会生产各环节以及国民经济各部门保持恰当的比例关系,包括农轻重比例关系、商品生产和社会购买力之间的比例、国民收入用于积累和消费比例关系,按比例了,就综合平衡;综合平衡了,也就按比例了。这一时期财政、信贷、物资平衡是实现国民经济综合平衡的主要手段。到80年代国民经济调整时期,人们重新审视这一规律,认识到传统计划体制的指令性计划在实现国民经济综合平衡方面的不足,于是积极探索市场调节与计划调节有机结合,重视发挥价值规律的调节作用。这一时期国民经济按比例发展集中表现为社会总供求在总量和结构上的平衡,注重实物平衡与价值平衡的关系,国民经济结构、比例、效益间的关系以及国民经济与生态、环境、国防、社会建设等方面的关系,关注的领域更广泛,最终的目标是满足人民的生活需要。从90年代上半期开始进入建设社会主义市场经济体制时期,围绕如何继续保持国民经济按比例发展和国民经济综合平衡,学术界明确指出由社会生产按比例发展规律所要求的国民经济综合平衡的理论层面在市场经济条件下仍然有用武之地。国家调节(计划)能够克服市场调节本身具有的自发性、盲目性和滞后性等缺点,因此,进一步发展出国家计划调节与市场价值规律调节有机结合,主要运用财政政策和货币政策的现代宏观调控理论,实现国民经济按比例发展和综合平衡的目标。虽然不再用国民经济综合平衡的说法,但其理论实质就是综合平衡,即按比例规律。

1.5.2.3 国民经济综合平衡的实现方式经历了单纯依靠指令性计划到计划调节与市场调节有机结合,更好地发挥市场配置资源的决定性作用和更好地发挥宏观调控的作用

如前文所述,按比例规律的实现有两种方式:市场调节(价值规律)和国家调节(计划)。随着实践经验的积累,国民经济综合平衡理论在中国经历了由国家调节为主、市场调节为辅到二者有机结合,市场调节的决定性作用与宏观调控相结合的转变。检验一个理论是否正确,就看它是否符合客观实际。国民经济综合平衡理论的正确性也要靠实践来检验。在理论层面,它是社会生产按比例发展规律中国化的成果,是社会主义经济建设中的客观规律;在具体

方法层面，由传统单一靠指令计划的实现方式到社会主义市场经济条件下的计划与市场有机结合，再到宏观调控下市场对资源配置起决定性作用的演变，均是为了实现国民经济按比例发展，国民经济的综合平衡，最终实现社会主义经济建设的目的。包括科尔奈在内的很多学者意识到，“单靠市场或单靠计划都不能可靠地控制现代复杂的经济系统。实际上，两者都以并不完全可靠的方法发挥着调节作用。因此，根据信息倍增的原理，两者配合行动对于经济系统令人满意的控制、对于系统运行效果的改进是很有必要的”。[①] 国民经济综合平衡理论历经70多年的发展历程，充分证实了这一点。

小　结

本章以时间为脉络，系统梳理了20世纪40年代中期至今70多年来，我国政界和学术界关于国民经济综合平衡理论的主要文献资料，从四个阶段：萌芽阶段（20世纪40年代至1955年）、形成阶段（1956~1977年）、发展深化阶段（1978~1992年）、转型创新阶段（1992以后）展开。由各个阶段的比较可知，这一理论随着经济实践的发展而发展，在内容上不断丰富，实现方式上不断与时俱进，但其理论实质是按比例发展规律，无论是以什么形式发挥作用，其理论本质具有内在一致性。国民经济综合平衡是指国家通过宏观经济管理，使国民经济发展的总供求规模、结构、比例、效益和速度相互协调。从内容上看，国民经济综合平衡不仅包括社会再生产过程中的两大部类的综合平衡（生产、分配、交换、消费四个环节及其各自内部的综合平衡），财政、信贷、物资、外汇的平衡，社会总供给、总需求总量平衡与结构平衡，还包括深层的生产力与生产关系、经济基础与上层建筑、不同群体不同阶层的利益分配格局、个人、集体与国家的财富分配格局、中央与地方、一二三产业、城乡之间、区域之间、经济与国防、经济发展与生态可持续等平衡关系。21世纪中国提出的科学发展观、新发展理念是对国民经济综合平衡理论在新的历史条件下的继承、发展和创新。

实现国民经济综合平衡，就要做到统筹兼顾、适当安排、科学发展、协调发展。一方面，加强国家宏观调控；另一方面，充分发挥价值规律、市场调节的作用，促进经济的持续、稳定、协调、高效发展。

---

① ［匈］亚诺什·科尔内．反均衡［M］．北京：中国社会科学出版社，1988：358.

第❷章

国民经济综合平衡理论是我国经济管理理论的重要创造

本章主要梳理马克思的经济平衡理论及西方经济均衡理论的研究文献，并分别同国民经济综合平衡理论作比较，得出国民经济综合平衡理论是中国特色的，是我党和国家经济管理理论的重要创造，为回答前文提出的第一个问题做理论准备。

2.1 马克思的经济平衡理论

马克思主义经济理论主要包括马克思、恩格斯创立的经济理论以及其他马克思主义者对马克思、恩格斯经济理论继承和发展而形成的理论体系。本书选取马克思、恩格斯的经济平衡理论作为研究和比较的对象。

2.1.1 马克思的经济平衡理论总述

马克思经济学中关于经济平衡的思想广泛运用在很多问题的分析中，概括来说主要体现在以下几个方面：

(1)价值规律内容的阐述，即在价值的决定和价值的实现方面，在规定第二种含义的社会必要劳动时间时提出了“按比例分配社会总劳动”的规律。马克思的“第二种含义的社会必要劳动时间”的理论实质就是“按比例分配社会劳动”。马克思说：“……要想得到和各种不同的需要量相适应的产品量，就要付出各种不同的和一定数量的社会总劳动量。这种按比例分配社会劳动的必要性，绝不可能被社会生产的一定形式所取消，而可能改变的只是它的表现形式，这是不言而喻的。自然规律是根本不能取消的。”①这段话表明“按比例分配社会劳动”是保证两种含义的社会必要劳动时间决定的商品价值得以实现的均衡条件，并且这一条件是存在于各个社会经济形态中的“首要经济规律”，

① 马克思，恩格斯．马克思恩格斯全集(第32卷)[M]．北京：人民出版社，1972：541.

当然也适用于现代社会。换言之,要实现商品的价值,就要对社会总劳动在各个领域的分配按比例进行,这一比例取决于两个方面的限制:一是社会需求量的限制。只有某种商品的生产和消费即供给和需求达到平衡,花费在这种商品上的劳动时间才是“社会必要”,因此就要求各部门的生产必须按照社会需要进行。二是资源的有限性。这就要求有效利用各种资源,有一个“必要”的量的限制。马克思对社会必要劳动时间的规定,就是根据社会分工不同而形成的不同生产部门需要分配的社会总劳动(包括生产资料和劳动力)的数量,主要是强调社会生产按比例进行,合理配置资源,本质上反映了社会经济均衡发展的条件。[①] 社会主义社会和资本主义社会一样,都是社会化大生产,都需要按比例分配社会总劳动,只不过方式不同。资本主义社会主要靠市场和价值规律进行调节。但随着资本主义矛盾的不断深化,各资本主义国家纷纷通过国家干预和其他手段增加对经济发展的计划性,以减轻和延缓经济危机所带来的负面影响。当然,这无法从根本上解决问题。社会主义取代资本主义后,生产的社会无政府状态,就要为生产的社会有计划的调节所代替,由于生产资料公有制,国家有条件通过掌握国民经济命脉对国民经济进行有计划的自觉调节。

(2)社会再生产理论中的平衡思想。马克思的社会资本再生产理论是以一些假设条件为前提:①“假定只有贵金属货币的流通,假定在这个流通中又只有现金买卖这一最简单的形式”;[②]②“完全撇开”对外贸易;[③]③“假定,产品按照它们的价值交换”;[④]④“假定,生产资本的组成部分没有发生任何价值革命”;[⑤]⑤“暂时撇开固定资本在当年因损耗而转移到年产品中去的那部分价值”。[⑥] 这些假设条件主要是为探究社会资本再生产的均衡条件,或是宏观经济均衡条件,若直接用来解释现实经济运行,就要对假设条件做相应的放宽。首先是在不考虑货币流通的情况下简单再生产中实物量在两大部类内部及两大部类之间的交换,从而得出简单再生产中社会总产品的实现,即价值补偿和实物补偿的条件为:Ⅰ(V+M)= Ⅱ C;在扩大再生产中,价值补偿和实物补偿的条件为:Ⅰ(V+M)>Ⅱ C。简单再生产和扩大再生产两种情况下的价值补偿和实物补偿的条件概括起来为“既要受社会产品价值的组成部分相互之间的

---

① 叶祥松 . 马克思的经济均衡和非均衡理论是宏观调控的理论基础[J]. 中州学刊,1999(4).

② 马克思 . 资本论(第二卷)[M]. 北京:人民出版社,1975:537.

③ 马克思 . 资本论(第二卷)[M]. 北京:人民出版社,1975:528-529.

④⑤ 马克思 . 资本论(第二卷)[M]. 北京:人民出版社,1975:436.

⑥ 马克思 . 资本论(第二卷)[M]. 北京:人民出版社,1975:440.

比例的制约,又要受它们的使用价值,它们的物质形式的制约",①这其实可理解为宏观经济均衡条件或内在约束条件。② 考虑到货币在社会再生产过程中的独特作用,马克思认为货币使社会总产品的交易变成了单方面的交易,即"一方面是大量的单纯的买,另一方面是大量的单纯的卖……单方面的买的价值额和单方面的卖的价值额相互抵销"③就成为了这种情况下社会再生产顺利进行的均衡条件。

(3)社会再生产矛盾与经济危机理论中的平衡思想。社会资本再生产顺利进行,即保持宏观经济均衡的条件是两大部类之间以及各个部类内部各个部门之间必须保持一定的比例关系。但在资本主义生产关系下,由于其基本矛盾,这些比例关系总是被破坏。资本主义基本矛盾表现为消费和生产之间的对抗,一方面是资本家对剩余价值的永无止境的追逐,盲目扩大生产规模的趋势;另一方面,广大劳动者在资本积累规律作用下,贫困在不断积累,他们的消费能力被大大限制。这样,生产的无限扩大和有支付能力的需求在不断缩小,结果使社会总产品的实现遇到困难,社会再生产的比例严重破坏,第二部类生产过剩,进而导致第一部类生产过剩,经济危机不可避免地出现。资本主义这种非均衡是常态,而经济危机正是强制恢复经济均衡的方式。④ 我们是社会主义市场经济,不存在生产和消费的根本对抗,但在市场中自主决策的企业在追求利润最大化的过程中,既会出现类似于资本主义制度下的不断扩大生产规模、节约成本,降低成本中的工人工资部分,也可能会出现宏观经济的非均衡现象,需要进一步探讨通过发挥国家的宏观调控来解决。

2.1.2 马克思的经济平衡理论内容

根据上述原理的梳理,可知马克思的经济平衡理论的本质就是按比例分配社会劳动的规律,即"……社会必须合理地分配自己的时间,才能实现符合社会全部需要的生产。因此,时间的节约,以及劳动时间在不同的生产部门之间有计划地分配,在共同生产的基础上仍然是首要的经济规律"⑤。

(1)按比例平衡发展的必然性。马克思的观点是:根据社会需要,"社会需

① 马克思. 资本论(第二卷)[M]. 北京:人民出版社,1975:438.

② 刘伟,方兴起. 马克思社会资本再生产理论的再认识——基于均衡与非均衡的一种解析[J]. 当代经济研究,2013(4):17.

③ 马克思. 资本论(第二卷)[M]. 北京:人民出版社,1975:558.

④ 叶祥松. 马克思的经济均衡和非均衡理论是宏观调控的理论基础[J]. 中州学刊,1999(4):26.

⑤ 马克思·恩格斯. 马克思恩格斯全集(第46卷)[M]. 北京:人民出版社,1975:120.

要即社会规模的使用价值，对于社会总劳动时间分别用在各个特殊生产领域的份额来说是有决定意义的”。[①] 如何将社会总劳动时间根据社会需要按比例分配到社会各个生产部门，马克思的答案是“计划”。他说“劳动时间有计划地分配，调节着各种劳动职能同各种需要的恰当比例”。[②] 不仅使社会总生产与社会总需求相适应，而且生产结构要能适应需求结构。只有这样才能做到国民经济平衡。马克思所指的按比例不是绝对的、静止不变的，“决不丝毫不差地按比例，总会有偏离，有不合比例的情况，这种情况本身会得到平衡；但不断的平衡运动本身是以不断地不合比例现象为前提的”。[③] 在谈到商品与货币的买卖关系时，马克思说“它们可能一致，也可能不一致；它们可能相等，也可能不相等；它们可能陷入彼此不平衡的状态。它们固然经常追求平衡，但代替从前的直接相等的，都正是以经常不相等为前提的经常地平衡运动”。[④] 在分析商品供求关系时，马克思分析了各种不平衡情况下又恢复平衡的原因：“因为各式各样的不平衡具有相互对立的性质，并且因为这些不平衡会彼此接连不断地发生，所以它们会由它们的相反方向，由它们相互之间的矛盾而互相平衡”。[⑤] 供求经常不一致就是通过供求矛盾的不断运动，最终从整体上看，供求一致。这种矛盾运动形成平衡的原理对整个国民经济运行也适用。正如马克思所说：“不同的生产领域经常力求保持平衡，一方面因为每一个商品生产者都必须生产一种使用价值，即满足一种特殊的社会需要，而这种社会需要的范围在量上是不同的，一种内在的联系把各种不同的需要，连接成一个自然的体系；另一方面因为商品的价值规律决定社会在它们支配的全部劳动时间中能够用多少劳动时间去生产每一种特殊商品。但是不同生产领域的这种保持平衡的经常趋势，只不过是对这种平衡经常遭到破坏的一种反作用。”[⑥] 马克思在谈到工场手工业时说：“在工场内部的分工中预先地、有计划地起作用的规则，在社会内部的分工中只是在事后作为一种内在的无声的必然自然性起着作用，这种自然必然性可以在市场价格的晴雨表的变动中察觉出来，并克服着商品生产者无规则的任意行动。”[⑦] 从马克思上述不同场合对平衡、按比例等的论述可以得出，根据社会总需要，有计划按比例分配社会总劳动是保持国民

---

① 马克思．资本论(第三卷)[M]．北京：人民出版社，1975：716.

② 马克思．资本论(第一卷)[M]．北京：人民出版社，1975：96.

③ 马克思．剩余价值理论(第一册)[M]．北京：人民出版社，1975：233.

④ 马克思．政治经济学批判大纲(第一分册)[M]．北京：人民出版社，1975：81.

⑤ 马克思．资本论(第三卷)[M]．北京：人民出版社，1975：212.

⑥⑦ 马克思．资本论(第一卷)[M]．北京：人民出版社，1975：394.

经济平衡具有客观必然性。

(2)经济平衡的具体内容。①物质资料生产过程各个环节的平衡。马克思说“生产、分配、交换、消费……构成一个总体的各个环节、一个总体内部的差别。……一定的生产决定一定的消费、分配、交换和这些不同要素相互间的一定关系。当然,生产就片面形式来说也决定于其他要素”。[①] 国民经济综合平衡就包括了社会生产过程的四个环节之间以及各环节内部平衡,要从社会生产总过程也就是生产、分配、交换、消费的相互关系中考察按比例关系和平衡。马克思的社会再生产理论中的两大部类之间的比例关系就包括了社会生产结构,即生产资料生产与消费资料生产的比例,还包括 C、V、M 的比例关系、积累基金和消费基金的比例关系,其中就反映了生产、分配、交换、消费的比例关系和平衡,要求在发展生产时从总过程出发而不能片面追求某个环节。②实物形态和价值形态的平衡。马克思的社会总产品实现既包括价值补偿又包括实物替换,即“不仅是价值补偿,而且是物质补偿,因而既要受社会产品的价值组成部分相互之间的比例制约,又要受它们的使用价值、它们的物质形式的制约”。[②] 因此,在商品经济形态下,社会产品的生产、再生产均有二重性,即实物形态和价值形态(货币表现的价值)。社会再生产理论中,社会总产品一方面在实物形态上包括生产资料和消费资料,另一方面在价值形态上表现为不变资本价值、可变资本价值和剩余价值,即补偿基金、积累基金和消费基金。由于社会总产品的实物形态和价值形态运动具有独立性,所以就会产生时间上、空间上的不一致,结果是数量上出现不一致。在有了财政信贷后,往往会参与到社会总产品的买卖运动中,就有可能出现货币资金与实物不一致的情况。因此,必须保持财政、信贷、物资三者之间以及各自内部的综合平衡。③社会生产两大部类平衡。这是国民经济中最重要、最基本的比例关系,直接决定了国民经济是否平衡。马克思揭示了两大部类平衡的条件:在简单再生产条件下:Ⅰ(V+M)=ⅡC;在扩大再生产条件下:Ⅰ(V+M)=ⅡC+Ⅰ△C+Ⅱ△C,这是保持国民经济平衡的基本条件。在技术不断进步的现实经济中,依然需要保持两大部类的这种平衡关系,生产资料生产必须优先增长,而且要以消费资料生产为目的优先发展生产资料,因为“……它最终要受个人消费的限制,因为不变资本的生产,从来不是为了不变资本本身而进行的,而只是因为那些生产个人消费品的生产部门需要更多的不

① 马克思,恩格斯. 马克思恩格斯选集(第二卷)[M]. 北京:人民出版社,1975:102.

② 马克思. 资本论(第二卷)[M]. 北京:人民出版社,1975:437-438.

变资本"。[①] 这里的不变资本就会形成对生产资料的需求,从而进一步要求扩大生产资料的生产,最终为生产消费品服务,体现在现实经济运行过程就表现为农业、轻工业、重工业的比例关系。马克思不仅分析两大部类之间的平衡,还论证了各部类内部的平衡。在马克思的社会再生产图式中,除了两大部类之间交换实现的产品,还有很大部分是在第一、第二部类内部交换得到实现的。尤其是在生产资料公有条件下,第一部类内部会形成合理的比例关系,马克思说"如果生产是社会公有的,而不是资本主义的,那么很明显,为了进行再生产,第一部类的这些产品同样会不断地再作为生产资料在这个部类的各个生产部门之间进行分配,一部分直接在这些产品的生产部门,另一部分则转入其他场所,因此,在这个部类的不同生产场所之间发生一种不断往返的运动"。[②] 由此可知,生产资料生产部门的内部结构不仅会影响本部类的运行,而且会影响消费资料生产部门的正常运行。④劳动力与生产资料的平衡。劳动力和生产资料作为物质资料生产最基本的要素,二者必须结合才能进行生产,"不论生产的社会形式如何,劳动者和生产资料是生产的因素。但是,二者在彼此分离的情况下只在可能性上是生产因素。凡要进行生产,就必须把它们结合起来",[③]而且要使二者保持特定的比例关系,无论数量还是质量上要保持平衡,因为"在劳动的量和需要追加这个活劳动的生产资料的量之间,按照追加劳动的特殊性质,存在着一定的技术关系。……原料或劳动资料不管贵贱都是完全没有关系的,只要它们具有所要求的使用价值,并且和要被吸收的活劳动保持一个技术上规定的比例就行了"。[④] ⑤生产与建设的平衡。生产指当前的生产,建设指基本建设。马克思认为"有些事业在较长时间内取走劳动力和生产资料,而在这个时间内不提供任何有效用的产品,而另一些生产部门不仅在一年间不断地或者多次地取走劳动力和生产资料,而且也提供生活资料和生产资料。在社会公有的生产基础上,必须确定前者按什么规模进行,才不致有损于后者"。[⑤] 因此,处理好基础建设的规模会影响到国民经济平衡。"社会必须先计算好能把多少劳动,生产资料和生活资料用在这样一些产业部门而不致受任何损害。这些部门,如铁路建设,在一年或一年以上的较长时间内不提供任何生产资料和生活资料,不提供任何有用效果,但会从全年总生产

① 马克思．资本论(第三卷)[M]. 北京:人民出版社,1975:341.
② 马克思．资本论(第二卷)[M]. 北京:人民出版社,1975:473-474.
③ 马克思．资本论(第二卷)[M]. 北京:人民出版社,1975:44.
④ 马克思．资本论(第三卷)[M]. 北京:人民出版社,1975:54.
⑤ 马克思．资本论(第二卷)[M]. 北京:人民出版社,1975:396.

中取走劳动、生产资料和生活资料”。[①] ⑥商品供求平衡。商品的供求平衡实质上就是社会生产和需求的平衡,“需要方面有一定量的社会需要,而在供给方面则有不同生产部门的一定量的社会生产与之适应”。[②] 商品供求平衡一方面取决于供给,即商品生产,这又是由社会劳动分配到某种商品的比例是否得当决定的,马克思说“如果某种商品的产量超过了当时社会的需要,社会劳动时间的一部分就浪费掉了,这时,这个商品量在市场上代表的社会劳动量就比它实际包含的社会劳动量小得多。……因此,这些商品必然要低于它们的市场价值出售,其中一部分甚至会根本卖不出去。如果用来生产某种商品的社会劳动的数量同要这种产品来满足的特殊的社会需要的规模相比太小,结果就会相反”。[③]商品按照其价值交换或出售,这是“商品平衡的自然规律”。[④]不仅注重商品生产的数量,还应注重商品生产的质量,以更好满足社会需要。另一方面,社会需求的变动也会对商品供求产生影响。按照社会总生产中消费和生产的辩证关系,消费对生产有反作用。马克思有过这样的论述,“在社会中,消费者和生产者不是等同的,第一个范畴即消费者范畴……比第二个范畴(即生产者范畴)广得多。因而,消费者花费自己的收入的方式以及收入的多少,会使经济生活过程,特别是资本的流通和再生产过程发生极大的变化”。[⑤] 扩大社会消费,加速商品流通,促进消费资料生产发展,进而促进生产资料生产和整个社会再生产。生产发展了,推动了消费,消费提高了,进一步促进生产发展,在生产和消费的这种运动中实现商品供求平衡。

(3)实现经济平衡的途径。①按比例分配社会总劳动。马克思总结了资本主义生产关系中经济失衡的原因,得出“资产阶级症结在于,对生产自始就不存在着有意识的社会调节。合理的东西和自然必需的东西都只是作为盲目起作用的平均数而实现”。[⑥] “价值规律不过作为内在规律,对单个当事人作为盲目的自然规律起作用,并且是在生产的各种偶然变动中,维持着生产的社会平衡”。[⑦] “只有在生产受到社会实际的预定的控制的地方,社会才能在用来生产某种物品的社会劳动时间的数量和要由这种物品来满足的社会需要的规模之间建立起联系”,具体来说就是“按照总的计划组织全国生产,从而控制

① 马克思．资本论(第二卷)[M]．北京:人民出版社,1975:350.
② 马克思．资本论(第三卷)[M]．北京:人民出版社,1975:210.
③④ 马克思．资本论(第三卷)[M]．北京:人民出版社,1975:209.
⑤ 马克思．剩余价值理论(第二卷)[M]．北京:人民出版社,1975:562.
⑥ 马克思,恩格斯．马克思恩格斯选集(第四卷)[M]．北京:人民出版社,1975:369.
⑦ 马克思．资本论(第三卷)[M]．北京:人民出版社,1975:995.

全国生产”以“制止资本主义生产下不可避免的经常的无政府状态和周期的痉挛现象”,[①]而社会主义生产方式通过自觉地计划调节,能使“一切生产部门都将逐渐地用最合理的方式组织起来”。[②] 根据社会需要,有计划按比例分配社会总劳动时间是实现社会生产和社会需要相适应、国民经济平衡的前提和基础。马克思说“如果就个别商品的使用价值取决于该商品是否满足一种需要,那么,社会产品总的使用价值就取决于这个总量是否适合社会对某种特殊产品的特定数量的需要,从而劳动是否根据这种特定数量的社会需要按比例地分配在不同的生产领域”。[③] 也就是说,生产的商品只有在满足社会需要时才有使用价值,这就要求我们首先要知道社会特定需要的数量,据此分配相应数量的社会劳动,所有这些均需要自觉地计划调节核算,才能达到节约劳动和按比例分配劳动。因此,“在资本主义生产方式消灭以后,社会生产依然存在的情况下,价值决定仍会在下述意义上起支配作用:劳动时间的调节和社会劳动在各类不同生产之间的分配。其次,与此有关的簿记将比以前任何时候都需要”,[④]不仅如此,“社会化的人,联合起来的生产者,将合理调节他们和自然地物质变换,把它置于他们的共同控制之下,而不让它作为盲目的力量来统治自己;靠消耗最小的力量,在最无愧于和最适合于他们的人类本性的条件下来进行这种物质变换”,[⑤]即在社会主义生产方式下,通过自觉地计划可以实现按比例分配劳动和节约劳动,实现国民经济平衡发展。②做计划留有余地。马克思认为:“从整个社会的观点来看,必须不断地有超额生产,也就是说,生产必须大于单纯补偿和再生产现有财富所必要的规模进行。……完全撇开人口的增长不说,……以便掌握一批生产资料,来消除偶然事件和自然力所造成的异乎寻常的破坏”,[⑥]在做计划时,要有一定的预留以备消除因各种突发状况带来的经济失衡。

由上述梳理可知,马克思在观察总结他所生活的资本主义经济问题时,从实践经验中提炼出内容丰富的经济平衡理论,包括理论基础、内容和具体方法,对中国社会主义经济建设有重要的指导意义。

---

① 马克思,恩格斯．马克思恩格斯选集(第二卷)[M]．北京:人民出版社,1975:379.

② 马克思,恩格斯．马克思恩格斯选集(第二卷)[M]．北京:人民出版社,1975:454.

③ 马克思．资本论(第三卷)[M]．北京:人民出版社,1975:716.

④ 马克思．资本论(第三卷)[M]．北京:人民出版社,1975:963.

⑤ 马克思．资本论(第三卷)[M]．北京:人民出版社,1975:926-927.

⑥ 马克思．资本论(第二卷)[M]．北京:人民出版社,1975:198.

2.1.3 马克思经济平衡理论特点

以上是对马克思经济平衡理论内容的再现,该理论呈现出以下四个特点:

(1)马克思的经济平衡理论最大的特点是科学的方法论。马克思以历史唯物主义和辩证唯物主义为方法论,对人类社会物质资料生产的历史各个阶段进行了深入剖析,并且从生产资料所有制、社会经济关系等深层因素分析当时所处的时代,主要资本主义国家经济失衡(经济危机)的根源是资本主义基本矛盾——生产社会化同生产资料私人占有的矛盾,提出了从根本上解决资本主义经济失衡的办法,即生产资料公有制为基础的有计划按比例发展。这一理论在指导苏联、中国等社会主义经济实践的一些成功经验证实了这一理论经受住了实践的检验。

(2)马克思的经济平衡理论揭示了按比例发展规律。马克思的经济平衡理论本质上就是按比例发展规律,即按比例分配社会总劳动于社会生产各个环节、国民经济各个部门,一方面可以实现价值,另一方面可以保证社会再生产顺利进行。按比例规律是社会分工条件下的普遍规律,无论什么社会经济形态,这一规律都存在并发挥作用。按比例规律本质上要求自觉地按比例发展,以弥补价值规律自发调节的缺陷。资本主义的生产资料私人占有无法从根本上做到按比例发展,因此,经济危机就是实现失衡到均衡的方式。在生产资料公有制下,社会生产的有组织性与生产单位内部的有组织性相统一,能够自觉地实现按比例规律。

(3)马克思的经济平衡既注重经济总量平衡又注重经济结构平衡。马克思的社会再生产理论要求两大部类生产要保持恰当比例,两大部类之间及两大部类内部的交换不仅在数量上相适应,在使用价值生产上也要相互匹配,这样才能保证经济不仅在总量上平衡,而且在经济结构上也能平衡。社会总供求的平衡归根结底是由社会生产按比例进行决定。

(4)马克思的经济平衡论是动态的。马克思社会再生产顺利进行的实现条件极为严苛,实现平衡即按比例是偶然的,不平衡是常态;平衡是相对的,不平衡是绝对的,但这不意味着忽视或放弃平衡。平衡了就意味着实现了按比例发展,按比例发展规律要求实现平衡,因此平衡是经济管理的目标。整个社会经济运行就是在不断调整社会总劳动在国民经济各个部门的分配比例,进而调整社会总供求、经济结构,由不平衡逐渐达到或趋向平衡目标的过程。

2.2 西方主流经济学均衡理论

本节将梳理西方主流经济学中的经济均衡思想，以时间为脉络，围绕实现经济均衡的两条主线（经济自由主义下市场价值规律调节和非自由主义下的国家调节）分别从古典经济学、新古典经济学、凯恩斯主义和后凯恩斯主义四个阶段进行，提炼其理论特点，为解决前面提到的第一个问题做准备。

2.2.1 西方主流经济学均衡理论的内容

西方主流经济学与非主流经济学的本质区别在于是否坚持均衡分析方法，[①]因此说到均衡，一般就是指主流经济学。在此，本书中的西方经济学均衡理论专指西方主流经济学的均衡理论。

2.2.1.1 经济自由主义时代的经济均衡

（1）古典经济学的经济均衡思想。"均衡"一词在经济学中的使用要归功于英国经济学家马歇尔，其开创了均衡分析方法。但均衡思想是伴随着经济学的产生而出现的，因而早在古典经济学时代就存在。经济学鼻祖亚当·斯密指出，每个经济活动的参与者都倾向于追求其个人利益，而在经济活动的表象中隐藏着一种自然秩序，即有一只"看不见的手"引导个人的自利行为，从而会形成社会福利。斯密说："每个人必然竭尽全力使社会的年收入总量增大。……在这种场合，像在其他许多场合一样，他受着一只看不见的手的指引，去尽力达到一个并非他本意想要达到的目的。……他追求自己的利益，往往使他能比在真正出于促进社会利益的本意的情况下更有效地促进社会的利益。我从来没有听说过，那些假装为公众促进社会利益而经营贸易的人作了多少好事。事实上，这种装模作样在商人中间并不普遍，用不着多费唇舌去劝阻他们。"[②]在这里，利益是和谐的，"看不见的手"发挥作用的关键是自由竞争，通过竞争，资源配置到最有价值的用途中去，经济是均衡的，并获得增长。这意味着政府对经济的干预是不必要、不受欢迎的，"每一个人处在他自己的角度来判断其经济利益，显然能比政治家或立法者可以为他作的判断好得多。如果政治家企图指导私人应该

① 宋小川．论西方主流经济理论的三大缺陷［J］．马克思主义研究，2017（6）：56.

② Smith, Adam. An Inquiry into the Nature and Causes of the Wealth of Nations［M］. London: T. Nelson and Sons, 1868: 184. //Stanley L. Brue and Randy R. Grant, The Evolution of Economic Thought（8th edition）［M］. Sauth-Western: Cengoge Learning, 2013: 61.

如何运用他们的资本,那不仅是自寻烦恼地去注意最不需要注意的问题,而且是攒取一种不能放心地委托给任何个人、任何委员会或参议院的权利。把这种权力交给一个大言不惭的、荒唐的自认为有资格行使它的人,是再危险不过的了”。[①] 也就是说,政府是浪费的、腐败的、无效率的,并且是对整个社会有害的垄断特权的授予者。从中可知,斯密认为经济的自由放任、政府不干预经济是实现经济均衡增长的最佳方式。另一位法国古典经济学家萨伊进一步论述了经济自由主义下的经济均衡状态,即“供给会创造它自己的需求”。也就是说,“一种产品一旦被生产出来,它立即就以它的最大价值为其他产品提供了一个市场。当生产者生产出来一种产品,他非常急切地想把它立即卖掉,否则它的价值将会在他的手中消失。如果他卖掉它得到了货币,他会同样急切地想把货币花掉,因为货币的价值也不是长久的。但是花掉货币的唯一方式就是用它来购买某种产品。因此,仅是一种产品的生产就会立即为其他产品打开销路”,[②]这就是著名的萨伊定律。供给与需求自动保持一致,即经济均衡是可以自动实现的。虽然同时期已经出现了质疑的声音,如西斯蒙第和马尔萨斯等的经济危机理论,认为经济会失衡,由价值规律自发调节实现的按比例规律是不可持续的,但在当时,经济会自动实现均衡的思想占主流,并一直盛行到凯恩斯经济学的出现。

(2)新古典经济学的经济均衡理论。古典时期的均衡还只停留在一种思想、目标的层面,如何精确衡量均衡要归功于边际学派及在此基础上的新古典经济学创始人马歇尔。随着经济的发展,在剩余价值规律和资本积累规律的作用下,西方主要资本主义国家企业的生产规模不断扩大,资本主义基本矛盾日益尖锐,生产和需求的矛盾逐渐凸显,同时数学方法在经济学中的应用越来越广,催生了经济学的“边际革命”。此时的经济学将研究的重心由古典经济学的生产、供给转向消费、需求,放弃了劳动价值论,代之以效用价值论,侧重于数学上的更为严谨的“均衡”。最早进行这一尝试的是19世纪中叶的法国经济学家古诺(A. Cournot),他结合需求和价格来分析企业收入最大化,认为企业“求取最大收入的状态是一种自动地寻求、自动地保持并力求巩固的经济结构状态”。[③] 虽然古诺没有明确使用经济均衡的概念,但这种思路突破了供

---

① Smith, Adam. An Inquiry into the Nature and Causes of the Wealth of Nations[M]. London: T. Nelson and Sons, 1868: 184-185. //Stanley L. Brue and Randy R. Grant, The Evolution of Economic Thought (8th edition)[M]. Sauth-Western: Cengoge Learning, 2013: 61.

② Say. A Treatise on Political Economy[M]. Philadelphia: 1803, 134-135.

③ 曾启贤. 微观经济学的均衡与失衡[J]. 经济学家, 1989(10): 16.

求相等的局限，拓展了经济均衡的概念，即"任何一个经济社会，在一定时期内，可以凭借自身运行机制使之达到并得以维持甚至巩固的经济结构状态，都可视为该社会在该时期内的均衡状态，而不论这种均衡是供求相等、供过于求，还是供不应求"。[①] 可见，古诺将经济均衡看作是一种稳定的状态，供求不一定要完全一致。边际学派成员瓦尔拉斯提出了一种理想的一般均衡模型，即将所有商品市场、要素市场联合起来，当所有市场达到均衡状态时，就达到了一般均衡。虽然有很多批评者质疑一般均衡理论只停留在理论层面，无法实践，但其影响却十分深远。随后马歇尔将物理学中的"均衡"一词引到经济学领域，将表示两种性质相反的力量势均力敌从而保持静止的一种状态进一步具体到供给和需求的势均力敌，即经济领域的均衡。自此，均衡概念成为经济学的思想基石。瓦尔拉斯最早创立了一般均衡分析，马歇尔开创的是局部均衡分析。无论是一般均衡还是局部均衡，都在追求供给和需求相等，即将萨伊定律精确地衡量计算。如何实现经济均衡，新古典经济学继承了古典经济学的思想，认为经济自由条件下，市场调节即价值规律可以自发地实现，国家调节或政府的干预无效。

2.2.1.2 国家调节的经济均衡

随着生产的日益集中并出现了垄断，资本主义矛盾进一步尖锐，生产和需求脱节越来越严重，尤其受第一次世界大战的重创及后来的经济大萧条，西方资本主义国家经历了严重的经济危机，由市场（价值规律）自发调节经济以实现经济均衡的方法失灵了。这期间，出现了不同于新古典微观经济学范畴的总量经济学或宏观经济学的研究，再加上第一次世界大战期间实施的经济调控经验，各国迫切需要解决萧条时期严重的失业问题，所有这些共同催生了凯恩斯宏观经济均衡理论的出现。

凯恩斯《就业、利息和货币通论》的发表成为经济学史上的又一次革命，从根本上改变了传统经济学实现经济均衡的方式，即国家调节取代了经济自由主义下的市场调节，抛弃了萨伊定律。凯恩斯认为，市场机制自发作用存在有效需求不足。具体来说：一是均衡产出由有效需求决定。凯恩斯认为资本主义经济常常会在非充分就业状态下运行，社会供给能力是无限大的，即价格不会受生产规模变化的影响而发生变化。由此可知，均衡产出、进而就业取决于有效需求。有效需求就是总供给价格等于总需求价格时的总需求。这一分析颠覆了萨伊的供给可以自动创造需求定律，强调了需求管理是宏观经济管理

① 曾启贤．微观经济学的均衡与失衡[J]．经济学家，1989(10)：16.

中的核心内容。二是有效需求不足,又是由于边际消费倾向递减、资本的边际收益率递减和流动性偏好三个心理规律的作用。有效需求由消费和投资构成,有效需求不足是由消费需求不足和投资需求不足引起的。消费需求不足是由于边际消费倾向递减,即人们随着收入的增加,也会增加消费,但消费增加的不如收入增加的快,从而导致消费需求不足。投资需求不足是由于资本的边际收益率和利率共同决定,资本的边际收益率即资本的预期利润率。当资本的预期利润率大于利率时,企业会增加投资;反之,企业会减少投资。就利率水平来说,由于货币的流动性偏好陷阱,利率需要保持一定的水平。所谓流动性偏好即人们对货币流动性的偏好,货币是流动性最强、最灵活的资产,随时可用于交易、预防不测、投机等场合,因而,人们对流动性货币更为偏好。利率高时,人们会放弃一部分流动性货币去换取利息,但出于人们的流动性偏好,总会持有一部分货币。因此,利率要保持一定的水平,对货币需求量越大,利率水平就越高。由于利率总在一定水平时,投资边际收益率会存在递减倾向,因为对某一种投资品需求增加会引起该投资品供给增加,进而导致利润率下降。另外,随着投资品投资增加,供给该产品的原料和机器设备等生产资料价格上涨,劳动力成本增加,从而使生产成本增加,利润率下降;加上宏观形势和政治态势也会影响投资者对未来的信心,从而导致资本的预期收益率下降。一方面利率保持一定水平,另一方面资本的预期收益率递减,结果出现投资需求不足。既然有效需求不足制约了经济增长,凯恩斯建议政府要发挥更大作用,以使经济在充分就业的国民收入水平上实现稳定均衡。凯恩斯的宏观经济均衡理论被看成是当时国家干预管理经济的理论基础。但其只着眼于短期宏观经济均衡,为其追随者留下了发展的空间。希克斯在《就业、利息和货币通论》出版一年后,发表了《凯恩斯先生与古典主义:一个建议解释》①中指出凯恩斯的利率理论以及他的均衡收入理论是不确定的。为了解决这一问题,他综合了凯恩斯和新古典的观点,发展形成了统一经济模型。“美国的凯恩斯”汉森在他的《货币理论与财政政策》(1949)和《凯恩斯学说指南》中详细阐述了希克斯的论文,形成了我们今天所说的希克斯—汉森综合,即IS-LM模型。IS曲线和LM曲线的交点就是均衡收入和均衡利率,此时产品市场和货币市场同时实现均衡。当加入国际贸易,蒙代尔(Robert Mundell)和弗莱明(J. Marcus Fleming)在各自贡献的基础上发展形成了开放经济的IS-LM模

① Hicks J. R. Mr. Keynes and the Classics: A Suggested Interpretation[J]. Econometrica 1937(4): 147-159.

型,即考虑到对外贸易,宏观经济一般均衡的实现除了需要产品市场(IS)和货币市场均衡(LM),还需要国际收支平衡(BP),当三条曲线交于一点时,就达到了宏观经济一般均衡状态。

2.2.1.3 经济增长理论中的均衡

宏观经济学中一个重要问题是经济增长,即随着时间的变化,一个国家的实际产出的增长日益受到经济学家的关注。哈罗德①、多马②同年发表相似的思想,阐明了凯恩斯主义框架下的经济增长模型,认为平衡增长是一种随着时间变化保持资源充分利用的收入增长。当生产能力的变化等于有效需求的变化时,可以实现收入的平衡增长,但他们都认为年度投资增长不能自动保持充分就业,这一结论证实了凯恩斯主义的经济不稳定是固有结论。

广泛流行的动态随机一般均衡(DSGE)理论研究了不确定环境下的一般经济均衡问题,其理论前提就是一般均衡理论。到新凯恩斯主义阶段,DSGE理论在内容上由之前的产品市场均衡与要素市场均衡,产品市场、劳动力市场以及资本市场均处于出清状态扩展到了中间产品生产企业、最终品生产企业、家庭部门以及政府部门。中间产品生产企业从家庭部分雇佣劳动,在工资既定条件下,最优化自己的劳动投入,形成向下倾斜的需求曲线,根据要素投入的边际成本变化调整产品价格,最终产品生产企业面对完全竞争市场,通过生产函数和利润函数,确定利润最大化时企业产品数量。家庭通过消费及投入劳动追求效用最大化,并引入理性预期变量以保证更加接近现实。政府在设定货币政策时重点关注通货膨胀和产出缺口,并引入跨期预算约束,保障所有中间产品企业在稳态下产量相同。③ 同时,DSGE 理论假设价格和工资黏性,企业通过调整价格、家庭调整工资进行预测性定价,并在理性预期的假设下做进一步进行调整;对企业无法调整价格、家庭无法调整工资而采用后顾式定价策略的,则通过指数化合约盯住上期的通胀水平。④ DSGE 理论通过市场中四个主体的经济行为的设定来确保均衡条件下,家庭在资源约束下实现效用最大化,企业在既定需求和价格下实现利润最大化,政府的货币政策得以执行,产品市场和劳动力市场同时出清。

---

① R. F. Harrod. Toward a Dynamic Analysis[M]. London:Macmillan,1948.

② Evsey D. Domar. Expansion and Employment[J]. American Economic Review,1948(12):77-94.

③ Kydland F. , Prescott E. The Computational Experiment:an Econometric Tool[J]. Journal of Economic Perspectives, 1996,10(1):66-85.

④ Ireland P. N. A method for Taking Models to the Data[J]. Journal of Economic Dynamics and Control, 2004(24).

2.2.2 西方主流经济均衡理论的特征

2.2.2.1 西方主流经济均衡理论的根本缺陷

无论是古典经济均衡、新古典微观经济均衡还是凯恩斯主义宏观经济均衡，与所有的西方主流经济学理论一样，均建立在严苛假设条件上的，均以理性经济人在完善市场上相互作用并拥有完善信息，人与自然界采取最优策略时可以完美协调等为假设条件。随着数学工具的使用，经济均衡理论越来越严谨精致，从阿罗-德布鲁模型到 RBC（真实商业周期）模型，再到 DSGE（动态随机一般均衡模型）模型，虽然假设条件不断放宽，尽可能地接近现实，但仍存在根本缺陷，①主要表现在其假设前提、标准估计方法和说服力上。由于这些模型在实际政策讨论中只关注了 GDP 及其增长，其背后的收入分配、产品构成、政策的长远影响等因素均被忽视，即使广为流行的 DSGE 模型将行为经济学、信息经济学、心理学等引入 RBC 模型中，还加入了名义刚性、市场摩擦、垄断等现实因素，但仍无法克服其根本缺陷，即对现实解释力的有限性。正如美国经济学会会长布兰卡德对 DSGE 的精辟评价："对于那些过去 20 年来生活在荒岛上的宏观经济学家们来说……目前的 DSGE 最好被视为庞大的新凯恩斯模型，这些模型强调了名义刚性和总需求的作用。"②由此可知，西方主流经济均衡理论的根本缺陷是缺乏实践性。

2.2.2.2 西方主流经济均衡理论存在缺陷的原因

经济学是一门对人类社会经济活动的系统化思考的科学，古今中外的经济思想都避不开要解决资源稀缺约束下配置资源的问题，而均衡分析就是西方主流经济学关于最优配置稀缺资源的一种理念，更多的还是一种方法论（张良桥，2011；宋小川，2017 等），对社会主义市场经济中资源配置具有很好的借鉴意义。但其远离现实的根本原因是由于这种均衡分析仅停留在经济问题的表面来分析资源配置的合理性，而完全忽略了背后的经济利益关系，这是由资本主义的生产资料私人占有制决定的。作为代表资产阶级利益的西方经济学，必然要以维护该阶级利益为本分，在此基础上，尽一切可能解决经济发展中的失衡问题。因此，无论是自由主义时期的自由放任还是凯恩斯之后的宏观政策，其本质都是为资本主义利益集团服务，是由资本的追求尽可能多的剩

① 宋小川．论西方主流经济理论的三大缺陷[J]．马克思主义研究，2017（6）：56.

② Olivier Blanchard. Do DSGE Models Have a Future? [J]. Peterson Institute for International Economics，2016（8）：11-16.

余价值的本质驱使,一切经济政策上的取舍均以此为衡量标准。而资本主义经济失衡根本上是由资本主义基本矛盾决定的,再深挖也可以说是由资本的本质使然,资本主义生产方式下面临的失衡问题在这种制度下是无法从根本上得到解决的。因此,也就证明了无论西方主流经济均衡理论在技术上发展得多么精致完善,其根本缺陷是无法克服的,无法指导实践。

2.3 国民经济综合平衡理论是我国经济管理理论的重要创造

分别梳理了马克思的经济平衡理论和西方主流经济均衡理论后,再与前面的国民经济综合平衡理论作比较可知,马克思的经济平衡理论是国民经济综合平衡理论的理论基础,即都是按比例规律的体现,虽然二者在实现按比例的方式上存在差别,国民经济综合平衡理论与西方主流经济均衡理论存在着本质的区别。

2.3.1 国民经济综合平衡理论不完全同于马克思的经济平衡理论

通过前面马克思经济平衡理论的回顾,马克思认为按比例规律是人类社会的普遍经济规律,只要存在社会分工,这一规律都存在并起作用。马克思以资本主义生产为研究出发点,运用历史唯物主义和辩证唯物主义方法深入分析了资本主义制度。由于资本主义的生产社会化同生产资料私人占有之间的基本矛盾表现为资本主义个别生产的有组织性和整个社会生产的无组织、无政府状态的冲突,所以导致单纯运用市场(价值规律)调节实现按比例规律经常会失灵,结果是经济运行呈现周期性失衡,而每一次的经济危机实则成为恢复平衡、实现按比例的一种方式。据此,马克思预测未来社会生产力高度发达,生产资料完全公有,按比例规律的实现将依赖于自觉地、有计划地调节方式。这一理论被苏联付诸社会主义经济建设实践,其结果证明,在当时的经济条件下,社会生产力发展尚不发达,单纯依靠自觉地计划调节实现按比例规律是不可行的。当代中国社会主义经济建设的实践是以马克思主义为指导,借鉴苏联的经验,并充分结合中国的具体国情,形成了一个国家计划调节与市场价值规律调节有机结合实现按比例规律的独特理论,即国民经济综合平衡理论,这是中国共产党和国家在领导中国经济建设实践中不断认识、摸索、调整中形成的。

可见，马克思创立的经济平衡理论尚停留在理论层面，没有付诸实践；国民经济综合平衡理论则是马克思的经济平衡理论在中国社会主义经济建设实践的土壤中生根发芽成长起来的，并在与实践的互动中不断发展完善。因此，国民经济综合平衡理论并不完全同于马克思的经济平衡理论，虽然前者是后者的继承和发展，但前者最大的特点是实践性，而后者是一种理论预测，尚未付诸实践。前者形成于生产力尚未发达到可以实行完全的生产资料公有制的经济条件下，在实现方式上需要将国家的自觉计划调节与市场价值规律调节两种方式有机结合来实现按比例规律；后者则更适用于生产力高度发达的完全的生产资料公有制条件下，完全依靠自觉地计划调节实现按比例规律。

2.3.2 国民经济综合平衡理论与西方主流经济均衡理论存在根本性差别

从表面上看，二者有很多相似之处，如都追求国民经济的总供给、总需求相一致，物价稳定，充分就业和国际收支平衡，其中，社会总供求一致成为经济平衡/均衡的重要标志，也是衡量资源配置是否最优的标准。实现平衡/均衡的途径都是运用财政政策和货币政策等宏观经济政策对市场主体施加影响达成，都属于宏观经济层面对经济的干预。但究其本质会发现，它们有本质的差别。

首先，国民经济综合平衡理论既注重经济总量的平衡又重视经济结构的平衡。这是由马克思社会资本再生产理论两大部类之间以及两大部类内部企业之间比例关系理论所决定的。因此，国民经济综合平衡理论强调物资供应平衡，也即总供求总量一致；还强调农轻重保持恰当比例关系，即要保证经济结构平衡，市场中的供求关系最终取决于生产中的比例关系。不管是瓦尔拉斯一般均衡、马歇尔的局部微观均衡抑或凯恩斯宏观经济均衡以及动态随机一般均衡（DSGE 模型）更强调经济总量平衡的分析，而忽视了经济结构平衡。

其次，国民经济综合平衡理论强调经济现象背后的深层次平衡关系，深入人与人之间的经济利益关系层面，始终以人为本。在各个时期的国民经济综合平衡都非常重视处理好生产和生活的关系，“生活第一，生产第二”，重视国民收入分配为积累和消费的比例关系以及与此相关的财政信贷平衡；而西方主流经济均衡理论是资产阶级立场，其宏观经济政策是受资本利益的驱使，因而有意忽略人与人的关系。

最后，生产资料所有制的不同决定了二者的最终目的存在根本性不同。国民经济综合平衡理论是以生产资料公有制为基础，决定了其可以通过自觉地计划实现按比例分配社会总劳动，进而做到综合平衡，最终目的是为更好地满足人民的生活需要；而西方经济均衡虽然也是通过政府的宏观政策进行调控，但以生产资料私有制为基础，政策的出发点是少数大资本的利益，因此效果大打折扣。

由上述比较可知，国民经济综合平衡理论不完全同于马克思的经济平衡理论，它更适合于指导中国社会主义经济建设；同时，国民经济综合平衡理论与西方主流经济均衡理论有本质区别，但后者的一些分析平衡的技术方法对社会主义市场经济中的资源配置具有重要的借鉴意义。

小　结

本章梳理了西方经济平衡/均衡理论，主要包括马克思的经济平衡理论和西方主流经济均衡理论，在总结它们的理论特点，并与国民经济综合平衡理论作比较后得到了以下结论：首先，国民经济综合平衡理论是以马克思的经济平衡理论为理论依据，是按比例规律的具体体现，是马克思经济平衡理论中国化的重要成果，二者在理论特点、实现方式上不完全相同。其次，国民经济综合平衡理论与西方主流经济均衡理论存在着本质的区别，根源于西方经济学的根本缺陷。由此可得，国民经济综合平衡理论是我党和国家在马克思主义理论指导下，在经济管理实践中的重要理论创造。

第❸章

国民经济综合平衡理论并未过时

本章将国民经济综合平衡与宏观调控作比较，从学理层面和历史逻辑角度论证宏观调控理论是国民经济综合平衡理论在新条件下的转型创新，回答前面提出的第一个问题，即国民经济综合平衡理论并未过时，而是以新形式继续发挥指导作用。

3.1　国民经济综合平衡与宏观调控的学理逻辑

3.1.1　宏观调控概述

3.1.1.1　宏观调控的起源及含义

本书所讲的宏观调控是一个中国特色的术语，在国际上通称为宏观政策，两者经常混用，宏观调控是在中国宏观经济政策实践中逐步形成的一个概念。1984年，中共十二届三中全会首次提出了“宏观调节”的概念，随后，学术界有了“宏观经济控制”（李成瑞，1985；曾启贤，1986）、“宏观经济管理”（李成瑞，1986）、“宏观经济调控体系”（刘鸿儒，1986）等提法。1988年，中共十三届三中全会正式使用了“宏观调控”的概念，到1993年的中共十四届三中全会进一步提出了建立以间接手段为主的“宏观调控体系”。关于我国宏观调控思想或理论可以追溯的时间尚存争议。有研究认为，现代经济学意义的宏观调控理论一般认为出现在党的十一届三中全会以后，在这之前，“只有计划经济理论，甚至没有宏观调控思想”，①这种观点占大部分，因此，宏观调控研究的起点是改革开放以后。还有一些研究（宋邵明，1989）从中国特色和范式进行探讨，认为中国的宏观调控虽然叫法不同，但持续的历史可以从新中国成立算起，到今天已有近70年的历史。这种看法的缘由在于当前宏观调控包含很多方面，如计划（规划）先行，国家及中央政府是宏观调控的主体，最终目标是宏观经济稳

① 方福前．30年来我国宏观经济调控思想的演变[J]．教学与研究，2008(9)．

定、综合平衡,财政政策、信贷政策在其中发挥着重要的作用等,与改革开放以前中国宏观经济管理的经验总结非常相似。前一种观点看到了国民经济综合平衡与宏观调控的差别,后一种观点则强调了二者的一致性。从时间节点看本书与第一种观点贴近,即宏观调控是伴随着社会主义市场经济体制改革逐渐形成;在内容上则倾向于第二种观点,即宏观调控继承了改革前的宏观经济管理传统做法,即国民经济综合平衡,二者是一脉相承的关系。

本书的宏观调控是指政府对市场经济运行进行调节、控制和引导,包括宏观经济的调节和微观经济的规制。从内容上看,宏观调控内容更为宽泛,除了西方主流经济学的宏观政策,即财政政策和货币政策外,还包括投资政策、收入政策、产业政策、区域发展政策、土地政策以及近年来的宏观审慎政策。之所以内容广泛,这与中西方对国家经济调节的认识存在差别有关。西方国家的宏观政策是权宜之计,只有出现了战争、经济危机等重大政治、经济事件时才会使用。近些年来,西方国家对经济的调节已成为常态,但权限非常有限,仅限宏观经济密切相关的领域,一般不会直接干预市场主体的活动。中国的宏观经济管理经历了从高度集中的计划经济体制下的国家调节为主、市场调节为辅到社会主义市场经济体制下的国家调节与市场调节有机结合的转变。这种转变是渐进的。因此,国家调节的角色在转换中会受到传统观念的影响,如计划先行,政府宏观调控下发挥市场在资源配置中的决定性作用,这是中国特色的宏观经济管理模式。虽然这种宏观调控模式有很多问题需要改进,但其成效有目共睹,在国际上广受关注和赞誉,并出现了"向中国学习宏观调控"①的声音。

3.1.1.2 宏观调控的特点

宏观调控与西方的宏观政策相比,具有明显的中国特色。在宏观调控目标的设置和调控工具的使用上,西方宏观政策的目标是通过对消费、投资、进出口等影响总需求因素的调节达到社会总供求均衡;调控工具主要是财政政策和货币政策,主要调节货币供应量、税收、财政支出,进而调节消费与投资为主要内容的社会总需求,重视需求管理和经济总量调节,忽视供给侧和经济结构。宏观调控的目标是实现国民经济综合平衡,即经济总量和经济结构平衡,社会生产各环节按比例发展,经济系统与其他社会系统之间保持协调、平衡;使用的政策工具除了财政政策和货币政策,适时采取相应的配套政策,包括产业政策、收入政策、区域政策、土地政策等,做到供给侧与需求侧兼顾。在实施

① 史蒂芬·罗奇.向中国学习宏观调控[N].//人民日报,2012-03-13.

手段上，西方宏观政策强调经济手段，排斥行政手段；而宏观调控将经济手段、必要的行政手段相结合。从持续性看，西方宏观政策具有权宜性，即在遇到突发的政治经济情况时才会实施；而宏观调控具有常态化特点。可见，宏观调控涉及领域广、政策工具多样、调控力度适度且常态化，而这些特点经常也被诟病，认为不符合主流经济学理论。从中国社会主义经济建设的历史进程看，宏观调控是伴随中国经济建设的转轨逐渐发展起来的，实践性是其最大的特点。

3.1.1.3 宏观调控的理论依据

宏观调控的目的是实现社会总供给与社会总需求总量和结构相平衡。现代经济学普遍流行的观点认为宏观调控的理论依据是市场失灵论，即凯恩斯经济学，它为国家宏观调控提供了理论基础，而且第二次世界大战后西方国家的宏观政策调节在一定程度上熨平了经济波动的幅度，更提升了这种观点的解释力，即通过国家宏观政策弥补市场缺陷可以达到经济平稳。也有很多观点认为这种看法不全面、不深刻，尤其作为中国宏观调控的理论依据更是没有解释力。由于凯恩斯经济学是以资本主义市场经济体制为土壤建立的，在中国，市场经济体制尚未完全建立，总量分析框架下的乘数原理、加速原理难以奏效，因此，学术界令人信服的观点是从马克思的经济平衡理论中寻找宏观调控的理论依据，如张朝尊（1995）、叶祥松（1999）、汤在新（2001）、张建英、朱炳元（2008）等在这方面的文献，对本书提供了诸多启示。

用马克思的经济平衡理论解释宏观调控的合理性更有说服力。首先，按比例规律要求达到社会总供求总量和结构的平衡，需要将社会总劳动按比例分配于社会各个生产部门，保证两大部类之间和两大部类内部各企业之间交换的产品在价值总量上相等，使用价值相互匹配，即做到按照恰当比例生产。其次，社会生产比例失衡会诱发经济危机。按照马克思的观点，经济危机是资本主义生产方式下恢复经济平衡的一种途径。虽然有国家宏观政策的调节，但只能治标，不能治本，也就是说，不能从根本上解决资本主义的经济失衡问题。其原因在于，资本主义的基本矛盾使生产和消费处于对抗的两端，随着基本矛盾的深化，生产和消费的矛盾也日益尖锐，进而引起第二部类生产过剩，连锁反应引起第一部类生产也过剩，社会生产比例遭到严重破坏，从而导致经济失衡。虽然马克思分析的是资本主义生产关系，但其对市场经济条件下经济失衡的条件，如机器大工业生产、商业资本的形成、信用制度作用的增强、社会再生产按比例的严格条件同实现的偶然性的冲突等的分析可知，经济危机的发生不仅与资本主义有关，而且发达的市场经济本身就存在着危机的可能性与现实性。马克思的经济危机理论要求生产资料完全公有制下必须通过自觉的有计划的宏观调控方可化解经济危机，恢复经济平衡。按比例分配社会劳动这一首要的经济规律在社会主义市场经济条件下，只有更好地发挥宏观调控与价值规律、市场调节的作用有机结合，才能做到国民经济综合平衡。

3.1.2 国民经济综合平衡与宏观调控都是按比例规律的体现

3.1.2.1 二者都是以马克思的经济平衡理论为理论依据，本质上都是按比例规律的中国化

由前述可知，国民经济综合平衡理论与宏观调控的很多方面具有相似性（见表 3-1），其源于二者的理论依据相同，即马克思的经济平衡理论本质是按比例规律的体现。马克思认为“要想得到和各种不同的需要量相适应的产品量，就要付出各种不同的和一定数量的社会总劳动量”。[①]按比例规律是按比例分配社会劳动规律的简称，是社会生产与社会需要之间矛盾运动以及整个国民经济协调发展的规律。这一规律要求表现为人、财、物的社会总劳动要依据社会需要按比例地分配在社会生产各环节及国民经济各部门中。也就是说，在社会生产与社会需要的矛盾运动中，各种产出与需要在使用价值结构上要保持动态的综合平衡，实现在既定条件下以最小劳动消耗来取得最大生产成果；在整个国民经济中，要保持各个产业和各种经济领域的按比例发展。同社会分工的发展及经济体制的演进相对应，按比例规律的实现方式经历了以下几个阶段的演进：第一，在自然经济中，分工表现为家族或氏族等社会单位内部以性别和年龄等纯生理差别及季节而改变的自然条件为基础的自然分工。按比例规律主要是通过社会单位内部的原始分工实现。第二，在简单商品经济中，分工表现为社会单位内部的分工与社会分工的结合。按比例规律是靠社会单位内部分工以及社会单位之间的市场（价值规律）调节的自发作用实现。第三，在资本主义市场经济中，分工表现为整个社会内部无组织的社会分工与生产单位内部有组织分工相结合。按比例规律的实现形式是交换价值，与社会分工高度发展，商品生产和商品交换在社会生产体系中占支配地位。第四，在社会主义计划经济中，分工表现为整个社会内有组织的分工与生产单位内部有组织的分工相结合，按比例规律的实现方式是占支配和主体地位的国家调节规律（计划规律）和占辅助地位的市场调节规律（价值规律）相结合。

---

① 马克思，恩格斯．马克思恩格斯全集（第 32 卷）[M]．北京：人民出版社，1972：541.

第五，在社会主义市场经济中，分工表现为有组织的生产单位内部分工与有规划、有管理的社会分工相结合。按比例规律的实现方式是靠市场调节规律（价值规律）和国家调节规律（计划规律）的有机融合来实现。①

表 3-1　国民经济综合平衡理论与宏观调控比较

		国民经济综合平衡	宏观调控
相同点	目标	国民经济综合平衡 物资平衡是基础 物资平衡即社会生产与社会需要平衡	社会总供给与社会总需求平衡， 经济增长、物价稳定、充分就业、 国际收支平衡
	内容	财政、信贷、物资、外汇综合平衡	经济总量平衡、经济结构平衡
	理论依据	按比例分配社会总劳动规律	按比例分配社会总劳动规律
区别	时代背景	生产短缺，供不应求	生产过剩，供过于求
	关注重点	国民经济比例协调、 积累和消费比例恰当	收入分配关系平衡、 供给侧结构性改革
	方式手段	国家调节为主，市场调节为辅； 行政手段为主，配合以经济手段	国家调节与市场调节有机结合； 经济手段为主，结合必要的行政手段
	经济主体地位	政府绝对的政治经济主导地位， 个人、家庭、企业服从	政府履行宏观调控职能，个人、家庭、 企业自主决策权，公有制下国有 资本占主导

注：表中内容根据前文文献整理形成。

3.1.2.2　二者在按比例规律实现方式上即国家调节与市场调节的结合方式存在区别

由前文可知，按比例规律在不同社会经济发展条件、不同社会分工下实现方式不同，在社会单位内部分工与社会分工并存的现代经济条件下，存在着市场价值规律调节和国家计划调节两种实现方式。两种方式在实现按比例规律过程中各有利弊，如何将二者结合、更好地实现按比例规律正是国民经济综合平衡理论与宏观调控对这个问题的探索。在我国传统的计划经济体制下，按比例规律的实现方式是国家调节（计划）为主、市场调节（价值规律）为辅，在战时及新中国成立初期的国民经济恢复的特殊时期，这种方式在短时间内最

① 高建昆，程恩富．按比例规律与市场调节规律、国家调节规律之间的关系［J］．复旦学报（社会科学版），2015（6）．

大限度配置全国资源解决重大经济问题方面发挥了重要作用,有利于社会主义经济制度的巩固。但随着经济的发展,其弊端日益显现,表现为经济主体之间关系扭曲,经济缺乏活力。具体来说,一方面,政府是绝对的经济主体,既是规则的制定者又是规则的实施者,企业、家庭、个人完全服从政府的统一调配,失去了自主性和创造性;另一方面,由于信息不完全、反馈不及时等缺陷,使中央计划制订、实施存在环节与实际不符、落实存在时滞的后果,从而导致很多具体计划脱离实际,无法真实反映社会生产的比例关系。随后进行的经济体制改革,本质上是对按比例规律实现方式的调整,即由计划经济体制向市场经济体制转变,按比例规律的实现方式相应地转变为国家调节(计划)与市场调节(价值规律)有机结合,即更加注重市场调节在资源配置中的基础性作用(1992)、决定性作用(2012),更好地发挥政府的作用。

有必要说明的是,这种按比例规律的实现方式与当代资本主义国家的做法很相似,都是在市场调节对资源配置起决定性作用的基础上,国家承担着社会生产和国民经济的总体规划和综合调节,国家调节与市场调节相结合的方式实现按比例规律,但又存在着本质区别。在国家垄断资本主义经济中,经济大危机后,国家对市场调节(价值规律)的消极作用予以矫正和调节,以实现按比例规律,期间出现了两大理论:凯恩斯主义和新自由主义。凯恩斯主义运用财政政策和货币政策弥补私人投资不足,以期实现充分就业(即按比例),一定程度上缓解了价值规律消极作用,减轻了经济危机的破坏,保障资本主义经济持续了20多年的相对稳定增长。但由于资本主义基本矛盾的限制,随后出现了滞胀。新自由主义取代了凯恩斯主义在发达资本主义国家得到不同程度的实践,弗里德曼关于控制货币供给量的主张在实践中的运用,对控制通货膨胀、摆脱滞胀发挥了一定积极作用。新自由主义认为长期中,市场调节(价值规律)的自发作用可使一国实际就业率趋向于与由该国技术水平、文化风俗和自然资源等因素决定的自然就业率相等(即按比例),而国家对社会经济规划和调节对于实现自然失业率是无效的。由于新自由主义总体上支持价值规律调节,反对国家干预经济,因此必然造成基本矛盾更加突出、贫富两极分化、金融危机和经济危机频繁发生等严重消极后果。

在社会主义市场经济中,市场调节(价值规律)在一般资源的配置中发挥决定性作用,但条件与资本主义有本质不同。以公有制为主体的基本经济制度消除了经济危机产生的根源,在更好地发挥国家计划调节,同时让市场调节(价值规律)在资源配置中发挥决定作用来实现按比例规律。二者形成有机整体,在功能上良性互补,效应上协同,其中,市场调节(价值规律)配置资源实现短期利益和局部利益;国家调节(计划)通过专业职能机构主动规划与配置重要资源,实现社会和企业的长远利益和整体利益。因此,在以公有制为主体的社会主义市场经济中,可以充分发挥价值规律的积极引导作用,避免其可能导致的消极后果。

社会主义市场经济中的国家调节表现在:第一,宏观调控和微观规制共同矫正市场调节规律的消极作用,弥补市场失灵。宏观调控主要是运用财政、货币、产业、分配等经济手段和政策以及法律和必要的行政手段实现就业充分、物价基本稳定、产业结构合理、国际收支平衡、分配公平等宏观经济目标;微观规制主要运用经济、法律、行政手段对微观经济主体进行监管,强化公共服务,维护公平市场竞争秩序、推动科技创新、促进社会和谐以及保持生态良好,从而实现经济、政治、社会、文化和生态全面协调与可持续发展。第二,对一般资源的长期配置和对特殊资源起决定性作用或直接配置。第三,在教育、医疗、文化等非物质资源配置中起决定性或主导性作用。第四,财富和收入分配领域的较大调节,促进共同富裕。①

3.1.2.3 二者在理论内容上的异同

国民经济综合平衡与宏观调控的异同体现在理论内容上,即二者在理论内容上既有一致性也存在差别。二者既注重经济总量平衡又重视经济结构平衡,将社会总供求的平衡、经济结构比例恰当、积累和消费比例平衡、就业充分、物价稳定、国际收支平衡作为其主要内容。二者最终目标都是通过发展生产,保持经济平稳发展,满足人民生活需要。由于二者所处的经济背景不同,所以决定了其在按比例规律的实现方式、手段上存在差别,进而决定了国民经济中各经济主体的地位及相互关系不同。

综上所述,国民经济综合平衡与宏观调控在本质上都是按比例规律的具体体现,在实现方式上都是国家调节与市场调节相结合以实现按比例规律,二者是相同的。但由于所处经济发展阶段不同,经济条件发生了变化,二者在国家调节与市场调节结合的方式上存在着差别。正如李成瑞所指,在社会主义市场经济条件下,我们应当科学对待国民经济综合平衡理论,如果从理论中与传统计划经济体制相联系的具体方法来说,该理论失去了发挥作用的场所和条件,这一理论已经过时。但就其基本理论来说,二者都是按比例分配社会劳动规律的要求和体现,二者在理论依据、内容、最终目标上是相通的、一脉相

---

① 高建昆,程恩富. 按比例规律与市场调节规律、国家调节规律之间的关系[J]. 复旦学报(社会科学版),2015(6).

承的。市场调节必须在宏观调控下进行，国民经济综合平衡的主要内容——以财政、信贷平衡为主的四大平衡依然是作为宏观调控的主要内容。国民经济综合平衡与宏观调控都体现了按比例发展规律的内在要求，所不同的是实现形式发生了变化：由过去计划一种手段变为现在计划和市场两种手段去实现的。因此，国民经济综合平衡理论在社会主义市场经济条件下具有比过去更重要的作用。“其一，宏观调控要由直接调控为主转变为间接调控为主，指令性计划和行政手段大大减少了，经济手段，特别是国家财政和国有银行两大手段的作用，自然就变得更加重要了。其二，宏观调控要由过去以实物形态的调控为主转变为以价值形态的调控为主，那么，在社会总资金中举足轻重的财政、信贷资金的平衡，也就居于更重要的地位了”。①

3.2 国民经济综合平衡与宏观调控的历史逻辑

回首至今 70 多年的中国经济实践不难发现，政府的作用由计划经济体制下集中管制到计划经济向市场经济过渡时期的逐步放开搞活微观主体，再到建立社会主义市场经济体制下的宏观调控，经济发展进程虽有曲折，但总体上取得了举世瞩目的成就。其中的经验之一就是做到了国民经济的综合平衡，经济就能平稳运行；忽视综合平衡，经济运行就会经历曲折。如何做到国民经济综合平衡，从国家的宏观经济管理层面看，是经历了国民经济综合平衡到宏观调控的转变。国民经济综合平衡理论的萌芽、形成、发展和创新四个时期的演变均是与经济实践互动中完成的。一方面实践经验的不断总结催生了对理论的研究，另一方面理论进一步指导实践，并随实践的发展不断发展完善。正所谓理论来源于实践，又要接受实践的检验，并随实践的发展而发展。

3.2.1 马克思主义理论指导下的成功经验催生理论萌芽

陈云、薛暮桥、王学文等经济管理专家自觉地将马克思的经济平衡理论运用到新中国成立前夕革命时期的经济建设实践中。陈云在经济实践中形成统筹财政、金融和贸易，通过市场实现供求总体平衡经济发展思想。王学文、薛暮桥分别在工作的地区经济实践中不约而同地提出了货币发行的“物资本位”原则。战时条件下，统筹财政、货币和贸易三大系统通过利用多边市场实现解放区经济总体平衡，“物资本位”为原则发行货币，成功稳定了解放区的物价水

① 李成瑞．社会主义市场经济条件下“四大平衡”理论的再认识[J]．经济研究，1996(1)．

平。这些成功经验无疑是一种开放体系下的宏观经济平衡理论，在世界经济学思想史上具有重要的理论意义。

新中国成立初期，国内商品供给不足，物价不稳，通货膨胀严重，“巩固财政经济工作的统一管理和统一领导，巩固财政收支平衡和物价的稳定”是国家经济工作的总方针。陈云指出：“从 1949 年到 1956 年，我们党在经济战线上进行了三大‘战役’：统一经济，稳定物价；统购统销；社会主义改造从低级形式到最后完成”。[①] 这一时期，陈云作为国家财经工作的领导人，在财经实践中形成了短期国民经济综合平衡管理的基本框架和理论雏形。总结这一时期国民经济综合平衡的实践和理论内容，主要包括财政、货币、贸易、物资四者的综合平衡以及农轻重产业结构的综合平衡，其通过行政手段，借助经济手段和市场条件等措施实现。这一时期的经济建设实践经验孕育了国民经济综合平衡理论的萌芽。

3.2.2 社会主义经济建设实践的经验教训推动理论的形成

社会主义经济制度确立到改革开放前夕，中国经济实践经历了两次大的波折：一次是“大跃进”，另一次是“文化大革命”。两次波折的共同点都是忽视了国民经济综合平衡理论的指导，造成国民经济比例严重失衡，经济增长缓慢甚至倒退。庆幸的是，我国经济管理者及时反思调整，重新重视国民经济综合平衡，这点在毛泽东相关思想的转化最能说明。在 1956 年的《十大关系》中，毛泽东提出了要处理好的十个关系，其中农工、沿海与内地、中央与地方、国家、集体、个人关系、经济与国防是当时的主要关系，这一套做法与苏联是不同的。但在“大跃进”运动的前期（1956 年至 1958 年 11 月前），毛泽东主张以“积极平衡”论制定经济发展计划，以实现经济、社会的快速发展，认为综合平衡是一种保守的态度，应该批评反对。随着“大跃进”运动中暴露出的问题和矛盾越来越多，毛泽东果断从压缩钢产量高指标入手，调整农业和工业的发展指标，到 1959 年放弃积极平衡论，代之以综合平衡。1959 年 6 月 11 日，在《经济建设是科学，要老老实实学习》中，毛泽东说：“搞社会主义建设，很重要的一个问题是综合平衡。比如社会主要建设需要钢、铁等种种东西，缺一样就不能综合平衡。……工业、农业、商业、交通事业都可能碰到。农业也要综合平衡，农业包括农、林、牧、副、渔五个方面。”[②]总结“大跃进”的教训后，毛泽东进一

① 陈云．陈云文选（第三卷）[M]．北京：人民出版社，1995：310.

② 中共中央文献研究室．毛泽东文集（第八卷）[M]．北京：人民出版社，1999：73.

步认识到综合平衡在整个经济中的根本性作用。

陈云主持全国的经济工作，对国民经济综合平衡理论的形成做出了系统性贡献。此时的国民经济综合平衡理论是建立在生产供给不足的经济发展大背景之下，在时间维度上以短期或短线为主，在理论上运用马克思关于社会再生产四个环节相互关系的原理，以国民经济有计划按比例发展为基础，认为财政收支平衡是国民经济稳定发展的基础和国民经济综合平衡的关键，认为物资、财政、货币信贷三平衡，物资、财政、货币信贷、外汇四平衡是综合平衡的基本条件，在不同阶段提出紧张综合平衡理论和短线平衡理论，综合平衡要充分利用计划与市场两种手段，国民经济的主要供给要以计划发展为主，满足人民的多样需求要以市场为主。在综合平衡原则上，陈云坚持以人民利益为出发点和归宿点，主张发展社会主义经济的根本方式是“一要吃饭、二要建设”，即人民生活是第一位。

总之，这一时期的综合平衡实践与理论在宏观上，毛泽东强调整体主义和全局观，从全国出发考虑综合平衡，统筹兼顾；在经济计划上，陈云强调短线平衡或短期平衡，即短期计划应该保证总供求平衡。综合平衡的核心是按比例发展，包括农轻重社会各部门之间的比例以及部门内部的比例关系、积累和消费的比例关系、建设规模与国力的关系、财政收入与支出之间的关系；主要是国民经济内部的综合平衡，综合平衡实现的手段；以国家计划调节为主。这标志着我国对国民经济综合平衡理论有了更加全面系统的认识，推动了这一理论的形成。

3.2.3 经济调整改革推动理论深化

这一阶段在时间上从改革开放初期到社会主义市场经济体制的确立（1978~1992年）。国民经济的管理实行计划与市场相结合，[①]以国家计划和行政协调为主、市场为辅，强调多用经济杠杆调控经济，经济上实行价格双轨制。1981年，中共十一届六中全会通过的《关于建国以来党的若干历史问题的决议》提出“必须在公有制基础上实行计划经济，同时发挥市场调节的辅助作用”。[②] 1982年，党的十二大进一步明确“计划经济为主、市场调节为辅”的经济发展原则，随后又把“国家在社会主义公有制基础上实行计划经济。国家

---

① 1978年7月至9月，国务院召开关于如何加快现代化建设的务虚会，李先念副总理在会议总结中提出了“计划经济与市场经济相结合”的观点。

② 方福前．30年来我国宏观经济调控思想的演变[J]．教学与研究，2008(9)．

通过经济计划的综合平衡和市场调节的辅助作用,保证国民经济按比例地协调发展"[①]写进新修改的宪法中。1984 年,中共十二届三中全会通过的《关于经济体制改革的决定》提出:"越是搞活经济,越要重视宏观调节,越要善于在及时掌握经济动态的基础上综合运用价格、税收、信贷等经济杠杆,以利于调节社会供应总量和需求总量、积累和消费等重大比例关系,调节财力、物力和人力的流向,调节产业结构和生产力布局,调节市场供求,调节对外经济往来,等。"[②]1989 年,中共十三届五中全会通过的《关于进一步治理整顿和深化改革的决定》提出:"进一步深化和完善各项改革措施,逐步建立符合计划经济与市场调节相结合原则的,经济、行政、法律手段综合运用的宏观调控体系"。[③]"合理协调各方面的利益关系,健全宏观调控体系也是改革,而且是更加艰巨的改革"。[④]

3.2.4 社会主义市场经济体制建立推动理论转型创新

这一阶段在时间上从明确建立社会主义市场经济体制目标开始(1992 年)至今。国民经济管理从以计划和行政为主向以规划和市场为主转型。在政策层面,表现为综合平衡政策向宏观调控的演进,政策目标从增长、财政、货币、物价、物资扩展到就业、国际收支平衡、区域发展平衡、经济与生态平衡等,开始从重视数量向更加重视质量转变。我国在建设社会主义市场经济条件下,一方面仍然通过国民经济五年发展计划、规划和产业政策等调控经济,另一方面吸纳借鉴了资本主义发达国家关于宏观政策的思想、理论、方法、政策工具,开始更多地通过经济手段以及法律手段,以市场方式进行宏观调控,探索开放条件下的国民经济综合平衡发展。

(1)党的报告中的国民经济综合平衡。1992 年,党的十四大提出:"我们要建立的社会主义市场经济体制,就是要使市场在社会主义国家宏观调控下对资源配置起基础性作用"。[⑤]1992 年,中共十四届三中全会做出了《关于建立社会主义市场经济体制若干问题的决定》,提出国家宏观调控的主要任务是"保持经济总量的基本平衡,促进经济结构的优化,引导国民经济持续、快速、健康发展,推动社会全面进步";[⑥]强调宏观调控主要运用经济手段和法律手段,并辅之以必要的行政手段;提出"要在财税、金融、投资和计划体制的改革

① 陈述. 循序推进与重点突破:从轨迹看改革理论传承[J]. 改革,2013(10).

②③ 宋瑞礼. 中国宏观调控 40 年:历史轨迹与经验启示[J]. 宏观经济研究,2018(12).

④⑤⑥ 谢伏瞻,柳斌杰,马建堂,厉以宁,赵人伟. 中国经济发展成就、机遇与挑战——纪念中国共产党成立 90 周年笔谈[J]. 经济研究,2011(6).

方面迈出重大步伐，建立计划、金融、财政之间相互配合和制约的机制，加强对经济运行的综合协调”。[①] 1995 年 9 月 28 日，在中共十四届五中全会上，江泽民同志提出了“正确处理社会主义现代化建设中的若干重大关系”，[②]提出在社会主义建设中必须处理好几个带全局性的重大关系，即需综合平衡、统筹兼顾的十二大关系，涉及了改革、发展、稳定；速度、效益；经济同人口、资源、环境；三次产业；东中西地区；市场机制与宏观调控；所有制结构；经济主体利益关系；自主与开放；中央和地方；经济与国防；物质文明和精神文明。

1997 年，党的十五大提出“坚持和完善社会主义市场经济体制，使市场在国家宏观调控下对资源配置起基础性作用”。2002 年，党的十六大提出：“在更大程度上发挥市场在资源配置中的基础性作用”。党的十五大和党的十六大都提出，要完善国家计划和财政政策、货币政策等相互配合的宏观调控体系。党的十六大进一步提出，“要把促进经济增长，增加就业，稳定物价，保持国际收支平衡作为宏观调控的主要目标”。2007 年，党的十七大提出“深化对社会主义市场经济规律的认识，从制度上更好发挥市场在资源配置中的基础性作用，形成有利于科学发展的宏观调控体系”；提出“要发挥国家发展规划、计划、产业政策在宏观调控中的导向作用，综合运用财政、货币政策，提高宏观调控水平”。2012 年，党的十八大提出：“发挥市场在资源配置中的决定性作用，更好地发挥政府的作用。”党的十八大以来，以习近平为核心的新一届中国领导集体统筹推进“五位一体”[③]总体布局、协调推进“四个全面”[④]战略布局、坚定不移贯彻创新、协调、绿色、开放、共享五大新发展理念，着眼于经济社会发展的不平衡性，致力于调结构、补短板、促增长、保稳定，着力推进供给侧结构改革，实施“三降一去一补”、精准扶贫、环境污染防治、金融风险防控，决胜全面小康，开启了我国综合平衡思想发展的新阶段。

（2）五年规划中的国民经济综合平衡。五年计划或规划为国民经济发展远景规定目标和方向；主要是对国家重大建设项目、生产力分布和国民经济重要比例关系等作出规划，主要阐明国家战略意图，明确政府工作重点，引导市场主体行为，是政府履行宏观调控的重要依据。

---

① 谢伏瞻，柳斌杰，马建堂，厉以宁，赵人伟．中国经济发展成就、机遇与挑战——纪念中国共产党成立 90 周年笔谈[J]．经济研究，2011(6)．

② 江泽民．江泽民文选(第一卷)[M]．北京：人民出版社，2006：460-475．

③ “五位一体”是指党的十八大报告对推进中国特色社会主义事业作出“五位一体”总体布局，包括经济建设、政治建设、文化建设、社会建设、生态文明建设。

④ “四个全面”，即全面建成小康社会、全面深化改革、全面依法治国、全面从严治党。

“八五计划”规定了1991~1995年我国的主要目标和指导方针,基本任务和综合经济指标(经济增长的规模和速度、综合经济效益、国民收入的生产和分配、财政和信贷),主要经济部门发展的任务和政策,地区经济发展的布局和政策,城乡规划,科技教育发展,精神文明与法制建设。“九五”计划(1996~2000年)针对存在的问题,提出了通过宏观调控的加强、改善,抑制通过膨胀,实现经济总量平衡,优化经济结构,引导国民经济持续、快速、健康发展。“十五”计划(2001~2005年)提出:扩大内需,速度和效益统一,调整结构,协调经济和社会、人口、资源、生态和环境问题,贯彻可持续发展战略。在规划中提出了宏观调控的总要求,立足扩大国内需求,扩大对外贸易,通过需求总量调节保持经济总量平衡,经济结构优化升级,实现经济稳定增长,就业规模扩大,价格总水平基本稳定和国际收支基本平衡。[①] “十一五”规划[②](2006~2010年)的主要任务是全面贯彻落实科学发展观。要坚持以人为本,转变发展观念、创新发展模式、提高发展质量,落实“五个统筹”,把经济社会发展切实转入全面协调可持续发展的轨道。“十二五”规划(2011~2015年)规定未来五年的主要任务是着力解决经济社会发展中不平衡、不协调、不可持续的问题,明确重大政策导向,具体包括:宏观调控方面,有机结合短期调控政策与长期发展政策,处理好稳发展、调结构、管通胀的关系,实现增长速度与质量效益相统一;扩大需求、优化投资结构、城乡协调发展、区域协调互动、公共服务均等化、扭转收入差距扩大的趋势。[③] “十三五规划”(2016~2020年)是在国内、外发展环境更加复杂的背景下制定的,我国经济发展进入新常态。面对经济社会发展的不平衡不协调,规划提出了新发展理念,即创新、协调、绿色、开放、共享,着力优化结构、增强动力、化解矛盾、补齐短板上取得突破,切实转变发展方式,提高发展质量和效益,努力跨越“中等收入陷阱”。规划还提出:在适度扩大总需求的同时,着力推进供给侧结构性改革,使供给能力满足广大人民日益增长、不断升级和个性化的物质文化和生态环境的需要;深化改革,健全使市场在资源配置中起决定性作用和更好发挥政府作用的制度体系;统筹国内、国

---

① 中华人民共和国国民经济和社会发展第十个五年计划纲要(2001年)[EB/OL]. 中华人民共和国国家发展和改革委员会发展规划司网站,http://ghs.ndrc.gov.cn/ghwb/gjwngh/200709/P020070912634253001114.pdf。

② 中华人民共和国国民经济和社会发展第十一个五年规划纲要(2005年)[EB/OL]. 中华人民共和国国家发展和改革委员会发展规划司网站,http://ghs.ndrc.gov.cn/ghwb/gjwngh/。

③ 中华人民共和国国民经济和社会发展第十二个五年规划纲要(2011年)[EB/OL]. 中华人民共和国国家发展和改革委员会发展规划司网站,http://ghs.ndrc.gov.cn/ghwb/gjwngh/201109/P020110919590835399263.pdf。

际两个大局，立足国内，又重视国内、国际经济联动效应。①

通过上述六个计划或规划的梳理可知，国民经济综合平衡理论始终贯穿我国社会主义市场经济的建设中，并得到了创新和发展。2003 年 7 月 28 日，胡锦涛提出以科学发展观作为一种创新的综合平衡理论应对各种经济社会不平衡。即“坚持以人为本，树立全面、协调、可持续的发展观，促进经济社会和人的全面发展”，按照“统筹城乡发展、统筹区域发展、统筹经济社会发展、统筹人与自然和谐发展、统筹国内发展和对外开放”的要求推进各项事业的改革和发展的方法论。科学发展观的根本方法论是统筹兼顾。这是作为执政党的中国共产党在新的历史条件下对综合平衡思想的重大发展与创新。党的十七大把科学发展观写入党章，党的十八大把科学发展观列入党的指导思想。

（3）宪法中的国民经济综合平衡思想。我国国民经济综合平衡理论和政策的发展与创新成果也体现在、凝结在新中国的四部宪法中，即“五四宪法”“七五宪法”“七八宪法”“八二宪法”。四部宪法的规定都突出了社会主义经济的发展方针是有计划、按比例、综合平衡。“五四宪法”第十五条规定：国家用经济计划指导国民经济的发展和改造，使生产力不断提高，以改进人民的物质生活和文化生活，巩固国家的独立和安全。“七五宪法”第十条规定：国家实行抓革命，促生产，促工作，促战备的方针，以农业为基础，以工业为主导，充分发挥中央和地方两个积极性，促进社会主义经济有计划、按比例地发展，在社会生产不断提高的基础上，逐步改进人民的物质生活和文化生活，巩固国家的独立和安全。“七八宪法”第十一条规定：国家坚持鼓足干劲、力争上游、多快好省地建设社会主义的总路线，有计划、按比例、高速度地发展国民经济，不断提高社会生产力，以巩固国家的独立和安全，逐步改善人民的物质生活和文化生活。国家在发展国民经济中，坚持独立自主、自力更生、艰苦奋斗、勤俭建国的方针，以农业为基础、工业为主导的方针，在中央统一领导下充分发挥中央和地方两个积极性的方针。②“八二宪法”第十五条规定：国家在社会主义公有制基础上实行计划经济。国家通过经济计划的综合平衡和市场调节的辅助作用，保证国民经济按比例地协调发展。禁止任何组织或者个人扰乱社会经济秩序，破坏国家经济计划。第十四条规定：国家合理安排积累和消费，兼顾

① 中华人民共和国国民经济和社会发展第十三个五年规划纲要（2015 年）[EB/OL]. 中华人民共和国国家发展和改革委员会发展规划司网站，http://ghs.ndrc.gov.cn/ghwb/gjwngh/201605/P020160516532440059919.pdf。

② 林光彬．中国的国家理论与政治经济学理论体系创新[J]．中国社会科学院研究生院学报，2017(11).

国家、集体和个人的利益，在发展生产的基础上，逐步改善人民的物质生活和文化生活。"八二宪法"经1988年、1993年、1999年、2004年和2018年五次修订后，第十四条规定增加了：国家建立健全同经济发展水平相适应的社会保障制度。第十五条规定：国家实行社会主义市场经济。国家加强经济立法，完善宏观调控。通过《宪法》的演进进程可见，由国家统筹安排国民经济发展和建设是我国的一贯国策。

总之，随着社会主义市场经济体制的确立、完善，一些深层次的矛盾问题不断呈现，经济发展中出现新的不平衡问题，如中央与地方财政税收的不平衡、外汇占款导致货币发行的不平衡、收入分配不平衡、城乡区域发展不平衡、国内与国际不平衡等，国民经济综合平衡涉及的范围更加广泛，背景更加复杂多变，进一步将政府宏观调控与市场调节的作用有机结合成为急需进行理论综合创新的时代课题。

小　结

本章概述了宏观调控的理论内容，从学理层面和历史逻辑两个维度分别与国民经济综合平衡理论作比较。从学理层面看，二者的理论本质是一致的，都是按比例规律的具体体现，二者的内容、目标、方式等方面存在一致性，在按比例规律实现的方式上也有相似性，都是将国家计划调节与市场价值规律调节相结合；区别体现在国家计划调节与市场调节的具体结合方式的差异。从历史逻辑层面看，自新中国成立前后70多年经济建设进程中的政策、方针、报告、规划以及宪法演进进程可知，国民经济综合平衡理论与宏观调控是一脉相承的。通过本章的比较分析，回答了前面提出的第一个问题，即国民经济综合平衡理论在当下没有过时，而是以宏观调控的形式转型创新，将继续指导中国社会主义经济建设。

第❹章

国民经济综合平衡理论继承发扬中国古代优秀传统

本章梳理中国古代经济平衡思想，并与国民经济综合平衡理论作比较，从经济平衡的内容及涵盖的范围可知二者具有很多相似性，既有经济表象的平衡即供求总量平衡、结构平衡、物价稳定、财政收支平衡等，又有经济平衡的深层层面，即经济利益关系以及财富分配平衡。笔者以古代经济平衡思想中最有代表性的轻重理论为例与国民经济综合平衡的实践经验作比较，发现陈云等在领导财经工作实践中的很多具体做法就是轻重理论的再现和运用。虽然未能在文字记载中找到相关的证据证实二者的承继关系，但实践中的相似性足以说明二者的继承关系。如果深究其原因，笔者认为资源约束下按比例配置资源（劳动）问题是任何社会形态下人们进行物质资料生产都需要面临的一个难题，即按比例规律作为人类社会普遍经济规律，在中国古代也不例外。同时，中国很早就出现了集权国家，国家为了维护其统治，必然以国家调节为主导方式配置资源，组织生产，实现按比例规律，以实现经济、财政稳定，维护国家统治。因此，中国古代经济思想中包含了丰富的平衡思想，并被国民经济综合平衡理论吸收继承和发扬。至此，前文提出的第二个问题在本章可得到解答。

4.1 中国古代经济平衡思想

鉴于前文"平衡""均衡"的界定，在这里用"平衡"表述中国古代经济平衡思想更为贴切。原因在于中国古代的经济平衡思想内容非常丰富，既包括数量上的平衡又有结构的平衡，还有深层次的财富分配平衡。本节主要梳理中国古代经济思想中有关物价稳定、物资供应平衡、币值稳定、财政平衡以及财富分配平衡等思想和土地分配政策中的平衡思想，为后面与国民经济综合平衡理论作比较奠定基础。

4.1.1 价格思想中的平衡

中国古代很早就有了商品交换,有了市场和价格,但有据可考的资料可以追溯到西周。很多思想家注意到价格的波动对社会政局稳定会产生重要影响,而价格波动的重要原因是市场上主要物资如谷物的供求失衡。因此,统治者只要掌握谷物等重要物资的供应,即可通过市场流通,实现价格的稳定。

4.1.1.1 西周时期的市场及价格管制

虽然西周经济属于典型的封建领主经济体系,是“真正的自然经济”[①],但已经有少部分农产品加入流通过程,并有了市场管理制度,有专职政府官吏负责监督市场,这在当时是史无前例的。如对市场上商品准入条件的规定:“圭璧金璋,不粥于市;命服命车,不粥于市;宗庙之器,不粥于市;牺牲不粥于市;戎器不粥于市;用器不中度,不粥于市;兵车不中度,不粥于市;布帛精粗不中数,幅广狭不中度,不粥于市;奸色乱正色,不粥于市,锦文珠玉成器,不粥于市;衣服饮食,不粥于市,五谷不时,果实未熟,不粥于市;木不中伐,不粥于市;禽兽鱼鳖不中杀,不粥于市”。[②]在这里规定了不能在市场上出售的物品,包括封建统治者的官式物品、宗教迷信用品、国家暴力工具“戎器”一律禁止在市场出售。对于可出售的物品作了具体的规定,如用器、车辆的尺寸,布帛精粗幅度和商品颜色等。还规定“五谷不时”“果实未熟”“木不中伐”“禽兽鱼鳖不中杀”时不准出售,以保护农业。此时还制定了市场管理的方向,对市场上没有的重要物品,要让其有;市场上已有的有害的物品,要让它消失;对于奢侈品要减少,即“凡治市之货贿、六畜、珍异,亡者使有,利者使阜,害者使亡,靡者使微”。[③]此外,由于价格管制的需要,出现了贾师这一官职。市场的形成和发展为物价稳定思想的出现提供了土壤,这里的价格管制成为了最早的国家调节经济的表现形式。

4.1.1.2 春秋战国时期的价格平衡思想

春秋(公元前 772 至公元前 476 年)和战国(公元前 475 至公元前 221 年)被公认为中国古代历史文明的光辉时代,其伟大不亚于古希腊于西欧的意义。和西周相比,春秋时期社会经济发生着巨大变革:随着土地王有制的崩溃,出现了个别封建地主阶级和大量小土地私有者,推动了农业生产力的发展;独立小手工业发展促进了家庭手工业的发展和手工业技术的提高。所有这些变化

---

①②③ 胡寄窗．中国经济思想史简编[M]．北京:中国社会科学出版社,1981.

要求西周严格的市场控制制度让位于较自由的市场活动，实现商品的自由经营，同时促使新兴商人阶级的产生，并来往于各国之间从事贸易，结交活动于王侯中间。如此复杂的社会经济形势孕育了"百家争鸣"的社会思潮，当然也形成了许多经济思想，其中不少卓越的思想远远超越了古希腊对古代经济思想的贡献。此时，很多的价格思想中蕴含着平衡理念，如范蠡的"积著之理"和"平粜"思想、李悝的"平籴"思想以及《管子》中的"轻重理论"。

范蠡（公元前536年至公元前448年）的"积著之理"是讲如何在经商过程中把握物价变动规律从而获取利润。他认为"积著之理，务完物，无息币。以物相贸，易腐败而食之货勿留。无敢居贵。论其有余不足，则知贵贱。贵上极则反贱，贱下极则反贵。贵出如粪土，贱取如金玉。财币欲其行如流水……"① 也就是说，所经营的货物必须质量完好，货币运动不能停止，易于腐败的物品不能长期储存，不能一味地贪图高价。根据商品数量的多少可以判断其价格是变贵还是便宜，某种商品的价格贵到一定程度必然会下跌，太便宜了必然上涨。当商品价格贵时，应将存货像粪土一样抛售，不能留等更高的价格；当商品价格便宜时，应像金玉一样立刻收购，掌握了价格平衡运动的规律，相机决策，自然能获利。总之，要将商品和货币像流水一般经常流转和运行，才能有利可图。

另外，范蠡将价格的自然涨跌与供求规律看成是客观的，并且主张谷物的价格波动必须在国家的指导下进行，提出了"平粜"主张，以有利于生产和流通。所谓"平粜"可表述为"夫粜，二十病农，九十病末。末病则财不出，农病则草不辟矣。上不过八十，下不减三十，则农商俱利。平粜齐物，关市不乏，治国之道也"。② 如果谷价太便宜，会损害农民，使他们不愿努力从事农业生产；如果谷价太贵，又会损害商人，使社会经济出现困难。如果使谷价波动控制在一定范围内，就会农商俱利，也就有利于整个社会。因此，"治国之道"就是当谷物价格太贵且超出一定限度时，须使其降低，反之；当谷价太低时，则须使其回升，这就是所谓的"平粜"。通过这样的经济措施，稳定市场谷价。他对谷价及与其他物价的比较研究在古代是极为少有的，胡寄窗认为范蠡可能是世界历史上把政府的价格政策置于利用市场价格自发势力理论基础上的最早先行者。此后各封建王朝实行的平粜政策均可从这里找到思想渊源，仅就贸易与价格思想来说，范蠡所达到的水平比管子还要高些。

---

① 胡寄窗．中国经济思想史简编[M]．北京：中国社会科学出版社，1981：32.

② 胡寄窗．中国经济思想史简编[M]．北京：中国社会科学出版社，1981：33.

与范蠡的平粜政策十分相似的还有法家代表人物李悝(约公元前455年至公元前395年)的"平籴"思想,也是针对稳定粮价提出的。虽然范蠡要比李悝早十几年,但是否受范蠡的影响尚不得证实。李悝说"籴甚贵伤民,甚贱伤农。民伤则离散,农伤则国贫。故甚贵与甚贱,其伤一也。善为国者使民无伤而农亦劝。"[①]价格的波动会影响消费者和社会生产,如何处理二者的平衡关系,平籴的办法是:政府根据年度丰歉程度,将丰收年份分为上熟、中熟、下熟三等;歉收年份也分为小饥、中饥和大饥三等。以"治田百亩"计算,上熟年份由政府收购农民余粮三百石,中熟收其二百石,下熟收其一百石,以防止粮价下跌。如遇歉收年份,小饥则政府即以下熟所收百石出售,中饥以中熟收购的二百石出售,大饥则以上熟收购的三百石出售,这样就不会因歉收而粮价上涨。总之,要做到"使民适足,价平则止……虽遇饥馑水旱,籴不贵而民不散"。李悝的这一思想虽是先秦出现的几种大致相同的粮价政策中的一种,但由于种种原因,其"甚贱伤农,甚贵伤民"的说法,后来被简称为"谷贱伤农",产生了更大的影响。

轻重理论是最能够体现中国古代平衡思想、"极为独特而又颇具影响的理论之一"。[②] 关于这一理论的始末尚有争论,胡寄窗认为始于战国中后期,以《管子》(管仲,约公元前723年至公元前645年)论述最为详尽。本书就以《管子》中的轻重理论,说明价格平衡思想。轻重理论经常以货币、价格、谷物的交换为讨论的中心内容,从中总结出与轻重有关的规律性。例如《国蓄》篇:"谷贱则以币予食,布帛贱则以币予衣。视物之轻重而御之以准,故贵贱可调而君得其利"。[③]《山国轨》篇:"国币之九在上,一在下,币重而万物轻。敛万物而应之以币。币在下,万物皆在上,万物重十倍"。[④]《山至数》篇:"士受资以币,大夫受邑以币,人马受食以币,则一国之谷资在上,币资在下。国谷十倍,数也。……彼币重而万物轻,币轻而万物重"。[⑤]《地数》篇:"故先王各用其重。珠玉为上币,黄金为中币,刀币为下币。令疾则黄金重,令徐则黄金轻。先王权度其号令之疾徐,高下其中币,而制其上下之用"。[⑥]

具体来说,轻重理论就是从万物中抽出谷物和货币。关于商品价格的"贱"或"贵","重"则价贵,"轻"则价贱,概括起来有以下几类:第一,货币对万

① 胡寄窗. 中国经济思想史简编[M]. 北京:中国社会科学出版社,1981:107.
② 胡寄窗. 中国经济思想史简编[M]. 北京:中国社会科学出版社,1981:141.
③ 孙波注释管子[M]. 北京:华夏出版社,2002:388.
④ 孙波注释管子[M]. 北京:华夏出版社,2002:392-393.
⑤ 孙波注释管子[M]. 北京:华夏出版社,2002:408-409.
⑥ 孙波注释管子[M]. 北京:华夏出版社,2002:413.

物——币重则万物轻，币轻则万物重；第二，谷物对万物——谷轻则万物重，谷重则万物轻；第三，谷物对货币——币重则谷轻，币轻则谷重。因为谷物在当时是“万物之主也”，金属货币在当时虽已充分发挥交换媒介的职能，但谷物仍取得了“谷贵而万物必贱，谷贱而万物必贵”的支配地位，在谷物收成正常的情况下，金属货币仍可以起支配地位。因此，国家必须充分掌握谷物和货币，才能实现通盘控制其社会经济活动。当时的金属货币铸造是由国家垄断，谷物的生产则完全是自由进行，不在国家掌握之中，这时，国家运用其掌握的大量货币直接购进或抛售谷物调节商品的供求以影响谷物的轻重（价格），进而影响一般商品的轻重（价格），即“人君操谷币准衡而天下可定也”，[①]这种措施即所谓“制其通货，以御其司命（谷物）”。[②] 因此，封建国家必须通过货币的收放抛售、购买谷物以制约谷物的轻重，同时也制约了货币本身的轻重关系，借此达到控制一国经济的目的。

4.1.1.3 两汉及以后的价格平衡思想

汉代之后的价格平衡思想主要继承了春秋战国时期的思想，尤其是轻重理论，并落实其为具体经济政策。

汉初的思想家贾谊（公元前200至公元前168年）的货币思想接受了《管子》的轻重理论，认识到封建国家掌握货币可以调节商品的供求、稳定物价和增加国家财政收入。

桑弘羊（公元前152至公元80年）在很大程度上继承发展了《管子》等前人的思想，大力推行平准措施以稳定价格。平准措施就是设立平准机构，在掌握大量商品和运输力、人力的基础上，当商品价格上涨时，以较低价格出售同类商品；当商品价格跌落时，收购这类商品，进而达到“平万物而便百姓”[③]的目的。可见，平准措施是《管子》轻重价格思想与范蠡“平粜”价格政策的综合，其特点是政府利用市场价格波动规律，适时抛售收购商品以稳定价格。平准思想在理论和实践上均较前辈思想家更为成熟，并且也是当前我国在遇到全国突发性事件时依然会采用的一种经济措施。

耿寿昌（公元前73至公元前49年）的常平仓制度。汉代另一位将范蠡、李悝和管子的价格平衡思想付诸经济措施的是耿寿昌，他建议设立常平仓，即

---

① 中国人民大学，北京经济学院《管子》经济思想研究组．管子·山至数（《管子》经济篇文注译）[M]．南昌：江西人民出版社，1980：246.

② 中国人民大学，北京经济学院《管子》经济思想研究组．管子·轻重乙（《管子》经济篇文注译）[M]．南昌：江西人民出版社，1980：320.

③ 胡寄窗．中国经济思想史简编[M]．北京：中国社会科学出版社，1981：223.

"令边郡皆筑仓,以谷贱时增其贾而籴以利农,谷贵时减谷而粜,名曰常平仓,民便之"。[①] 为了保证边郡粮食供应,耿寿昌建议政府利用市场价格变动规律逆市收购、抛售粮食以稳定价格。公元 62 年以后,这一制度在全国郡县普遍推行,成为封建王朝常设的经济措施。

王莽(公元前 46 至公元 23 年)建立的王朝虽短暂,但其经济政策及其中体现的经济思想却相当独特,其中关于价格平衡的思想包括"市平"和平准业务。所谓"市平",即政府对某些重要商品规定的平价作为标准价格,既具有一定时期的稳定性,又能按期自动调整。这恐怕是世界历史上最早而又初具体系的平价规定。[②] 据《食货志》记载,"万物贵过平一钱,则以平贾卖与民。其贾低贱减平者,听民自相与市,以防贵庾者",这就是与"市平"制度相配套用以稳定市场价格的平准业务。王莽的平准业务与桑弘羊的平准及耿寿昌的平籴不同之处在于后者均要求在价格波动剧烈时予以稳定,前者则只防止物价上涨而欢迎物价跌到市平以下浮动,从而解决当时持续高涨的物价水平的逐渐下跌。

刘宴(公元 718-780 年)被称为和桑弘羊有同样美称的最成功的唐朝时期的封建理财家。刘宴为了稳定物价,非常重视商情动态,不惜重金"募驶足,置驿相望,四方货值低昂及它利害,虽甚远不数日而知"。这些举措能"使天下无甚贵贱之忧",能防止荒歉谷价暴涨于未然,并能"权万货之轻重""如见钱流地上,每朝谒马上以鞭算"。[③]

北宋时期,随着农产品商品化程度的增高,农民在重税、高利贷的压迫下,必须在新谷下来后出售部分必需的食粮,从而就出现了无论谷价贵贱均利末而不利农的现象,突破了传统的谷贱伤农的认识。李觏(公元 1009-1059 年)说:"古人有言曰:谷甚贱则伤农,贵则伤末,谓农常粜而末常籴也。此一切之论也。愚以为贱则伤农,贵亦伤农,贱则利末,贵亦利末也。"[④]

北宋王安石(公元 1021-1086 年)为了稳定谷价,推行青苗法,即由政府贷放青苗钱,通过这一方法,目的还在于鼓励农业生产和增加财政收入,但由于现金和实物之间的矛盾,这一方法很快被废除。青苗法在谷物收成正常和谷价变动不大时具有一定作用,但由于其以自然力支配农业生产,收获丰歉不定,所以在谷物价格变动幅度很大的情况下,其作用很难发挥。

---

① 胡寄窗. 中国经济思想史简编[M]. 北京:中国社会科学出版社,1981:232.
② 胡寄窗. 中国经济思想史简编[M]. 北京:中国社会科学出版社,1981:245.
③ 胡寄窗. 中国经济思想史简编[M]. 北京:中国社会科学出版社,1981:298.
④ 胡寄窗. 中国经济思想史简编[M]. 北京:中国社会科学出版社,1981:325.

南宋周行己(公元 1067–1125 年)运用货币金属论论述了货币贬值对物价的影响,认为随意规定货值的做法实不可取,因为"然而当十必至于当三,然后可平"。[①] 也就是说,背后的真实价值决定了币值的购买力,即使人为升高币值,在真实价值的作用下,币值又会贬值到它应该的数量。因此,封建君主任意规定过高的名义价值是不能长久维持的,因此,他建议发行足值货币。

苏轼(1037–1101 年)对谷物价格的建议是强调要"农末皆利",并主张取消谷物税以刺激谷类商品的流通。他说:"谷太贱则伤农,太贵则伤末。是以法不税五谷,使丰熟之乡,商贾争籴以起太贱之价;灾伤之地,舟车辐辏以压太贵之值,自先王以来不知易也。而近岁法令,始有五谷力胜税钱,使商贾不行,农末皆病。……何似削去近例,附令免税,则丰凶相济,农末皆利,而税钱不至于大段失陷。何也?五谷无税则商贾必大流通。不载现钱,必有回货。而回货之税未必减于力胜,且灾伤得以有无相通,易为赈救,于省利不可胜计。"[②]苏轼突破传统重农抑商思想的束缚,接受范蠡农末俱利的观点,从商贾有利的角度,提出让各地谷物商品自发地流转以调剂各地年岁的丰凶,比管子主张由国家运用轻重敛散之术的办法更进了一步。

元朝卢世荣(? –1285 年)提出的平准周急库的设立和酒专卖等措施均是直接或间接为了压低物价,解决当时的通货膨胀,尤其对当时粮食与盐的价格影响重大。关于粮食价格调控,他主张类似于"平粜""平籴"的思想主张,逆市调节,其本金就是铁专卖的利润、常平本钱及盐税收入;对于盐价的调节,主张常平盐制度,将盐总产量的三分之一由政府控制,分储各地,在盐价上涨时,政府以常平盐低价出售,以平盐价。这些稳定物价的思想较之前并无新颖之处,但采取的措施随行业不同而不同,更加多样化。

明代的丘濬(公元 1420—1495 年)把"平物价"看作"王者"的重要任务之一。"为天下王者,惟省力役,薄赋敛,平物价,使富者富,贫者不至于贫,安其分,止其所,得矣"。[③] 他特别强调粮食价格稳定的重要性,如何稳定粮价,他说"愿国定市价恒以谷米为本。下令有司:在内,俾坊市逐月报米价于朝廷;在外,则闾里以日上于邑,邑以月上于府,府以季上于藩服,藩服上于户部。使上之人知钱谷之数,用是而验民食之足否,以为通融转移之法。务必使钱常不多余,谷常不至于不给,其价常平"。[④] 可见,这是通过全国范围的系统报告制度

---

① 胡寄窗.中国经济思想史简编[M].北京:中国社会科学出版社,1981:338.

② 胡寄窗.中国经济思想史简编[M].北京:中国社会科学出版社,1981:342.

③ 胡寄窗.中国经济思想史简编[M].北京:中国社会科学出版社,1981:385.

④ 胡寄窗.中国经济思想史简编[M].北京:中国社会科学出版社,1981:386.

调节货币流通量和市场粮食量之间的关系以稳定粮价和物价。与西汉相比，丘濬在此基础上对常平思想进行了扩展，如增多了谷物收售的种类，随处立仓，发卖谷物时银钱、货物全收，再将货物卖出以为籴本。同样，他反对常平仓买卖价格官定，主张由市场来决定。

通过对上述中国古代价格平衡思想的梳理可知，在自然经济占主导、商品流通商品交换有了一定发展的背景下，封建历代政权对稳定物价非常重视，从范蠡的“平粜”、李悝的“平籴”到桑弘羊的“平准”，再到明确提出“常平仓”以及“平准周急库”等具体经济措施的推行，其本质都是政府运用“轻重”原理，通过掌握“重”之谷物、货币，调节市场中的重要物资（谷物）的供求来调节价格，逆市调节。当物资供求平衡时，物价也就平稳。因此，在中国古代，物资平衡与价格稳定是一个问题的两个方面，二者是紧密相连的。

4.1.2 “重本抑末”的小农式经济结构平衡思想

中国古代自然经济形态是农业立国，农业是“本”，手工业、商业是“末”，处理好本末关系涉及整个国民经济的结构平衡。古代思想家就本、末的关系处于长期争论中，主调是重农抑末，但也有不少提倡发展商业、本末皆利的观点。

4.1.2.1 西周时期农工商均得到重视，以重视农业更甚

相传，周民族的始祖是后稷，即帝尧时代掌管稼穑的长官。古典中相关的叙述也很清楚：《周礼》中记载“以九职任万民”，“九职”中前四项均属于广义农业，如“一曰三农、生九谷。二曰园圃，毓草木。三曰虞衡，作山泽之材。四曰苏牧，养繁鸟兽”。[①]这些职业排列顺序的改变反映着当时社会经济结构的改变。此外，自西周以来，每年立春日均要举行“籍田”大礼。这种形式曾得到魁奈的欣赏，并建议法国也举行这一仪式以示重农。文公的理论代表了当时对农业的重视，“夫民之大事在农，上帝的粢盛于是乎出，民之繁庶于是乎生，事之供给于是乎在，和协辑睦于是乎兴，财用繁殖于是乎始，敦庞纯固于是乎成……”[②]即农业是“民之大事”，是祭祀用品、人口繁殖、物资供应、百姓亲睦、财政充裕和国家富强的基础或条件。西周重视工商业，掌管中央政务的司空就是主管工事，属“六卿”之一，而掌管农事的司徒却未列入其中，可见西周对工事的重视。“九职”中的第五项“百工，饬化八材”同样反映了重视工业。同时，西周重视商业、商业经营，当时的伊尹、管仲都有从商的经历。“告四方旅游”中有大量的关于商业的重要性的描述。

①② 胡寄窗．中国经济思想史简编［M］．北京：中国社会科学出版社，1981：5.

4.1.2.2 自先秦商鞅以来的重农抑商思想和举措

商鞅认为商人不从事生产、专门靠市场经营投机获利，与农业对立，“农少商多”则国“必削”[①]之。但“抑商”不是彻底取消商业。他认识到商业对社会经济生活不可缺少的作用，“农、商、官三者，国之长官也。农辟地，商致物，官法民”。[②]由此可知，商鞅的重农抑商是在保证农业为主导的前提下，保持农商比例的平衡。

法家思想家韩非的重农抑商思想比商鞅更甚，但同样也没有废商之言，他说“夫明王治国之政，使其商工游食之民少儿卑，以趣本务而外末作”。[③]农商比例可以反映到劳动力的从业分布比例上，商鞅、韩非的重农抑商举措同时要求农商中劳动力配置比例要保持平衡。

到魏晋时期，傅玄进一步发展了本末比例决定劳动力从业比例思想，他认为“明主之治也，分其业而壹其事。业分则不相乱，事壹则各尽其力”。[④]因此，傅玄建议“亟定其制，通计天下若干人为士，足以副在官之吏；若干人为农，三年足有一年之储；若干人为工，足其器用；若干人为商贾，足以通货而已。……若百工商贾有长(余)者，亦皆归之于农”。[⑤]也就是说，在考量全国人数前提下，农业从业人数占大多数，工商从业人数应该少，百工商贾若超过了规定的比例，则应归之于农，从而保持从业人员比例与农商比例保持平衡。一旦农商比例失衡，则重农抑商论调再次出现。

中国古代重农抑商观点经常被强调除了保持经济稳定运行之需外，还在于商业的发展会导致财富分配不平衡。随着商人财富的不断积累，甚至可以与官府分庭抗礼，为了维护封建王权统治，必须抑制商业，控制商人的积累。因此，古代抑商的考量在于社会财富分配平衡，维护封建统治秩序。

4.1.3 币值稳定思想

4.1.3.1 金属货币流通条件下币值稳定

单旗的“子母相权论”是我国古代最早出现的货币理论，[⑥]从货币与物价的关系阐述货币币值稳定问题。这一概念并非始于单旗，据《逸周书》记载，在他之前约六百年就有“作母以行其子”；在他之前约八十年楚庄王时也有人提出钱的轻重问题。这些论述均未详述，直到单旗才得以详细阐述，以反对当时周景王借货币贬损以掠夺人民资财的做法，其观点为：“古者天灾降戾，于是乎

①②③④⑤ 杨敏．均衡：古代宏观经济管理的主导原则[J]．上海经济研究（双月刊）1989(2)．

⑥ 胡寄窗．中国经济思想史简编[M]．北京：中国社会科学出版社，1981：22．

量资币，权轻重，以振救民。民患轻，则为之作重币以行之，于是乎有母权子而行，民皆得焉。若不堪重，则多作轻而行之，亦不废重，于是有子权母而行，小大利之。今王废轻而作重，民失其资，能无匮乎……”①即如果人们认为流通中货币购买力相对于物价过小时（“患轻”），那就发行一种较重或较大的货币计价，也就是“以母权子而发行”。反之，如果人们认为现行货币单位价值过大，不便于使用（“若不堪重”），就另发行一种较轻的货币计价同行，即“以子权母而行”。可见，单旗认识到货币单位和物价水平之间必须保持平衡以稳定物价。

《管子》中将货币看作流通手段，通过调节货币的量来调节物资供求。货币自身也是积则重，散则轻。后期墨家学者也提出了类似的思想，将其运用到货币币值的轻重中。他们指出：“买，刀籴相为贾。刀轻则籴不贵，刀重则籴不易。王刀无变，籴有变。岁变籴，则岁变刀。”②这里的“刀”指的是货币，“籴”代表货物，“刀”贬值了，“籴”就变贵；反之亦反。但分别从货币总价值和商品总价值看，二者是相等的，没有变贵或变贱。王刀（货币）的价值是由法律规定的，一时不会变化，货物的价格却是时常变动的。每岁物价的变动，看来好像是“刀”的价值或购买力也在每岁改变一样。作为交换的两端商品与货币，在一端（商品或货币）不变而另一端（货币或商品）数量变动时，则会引起物价和币值的波动。这种提法已经触到价格波动背后的本质，但还未提出价值，也未能形成价值理论。

到南北朝时期，尤其是南齐时期，面对当时严重的通货紧缩现象要另铸新币的局势下，孔觊于482年提出“铸钱均货议”。首先，他肯定“食货相通，势理自然”，即商品流通与货币流通要相适应的客观规律，并接受李悝的“籴甚贵伤民，甚贱伤农”原则。其次，他也注意到通货紧缩的影响，他说“铸钱之弊，在轻重累变。重钱患难用，而难用为累轻。轻钱弊盗铸，而盗铸为祸深”。这里的“过重”“过轻”即为现代意义的通货紧缩和通货膨胀。在他看来，货币价值的稳定至关重要。③

唐朝刘秩在公元734年提出的货币思想结合了《管子》的轻重论和范蠡的价格政策，他说：“夫物贱则伤农，钱轻则伤贾。故善为国者，观物之贵贱，钱之轻重。夫物重则钱轻，钱轻由乎物多。多则作法收之使少，少则重。重则作法

① 胡寄窗．中国经济思想史简编［M］．北京：中国社会科学出版社，1981：23.
② 胡寄窗．中国经济思想史简编［M］．北京：中国社会科学出版社，1981：74.
③ 胡寄窗．中国经济思想史简编［M］．北京：中国社会科学出版社，1981：275.

布之使轻。轻重之本,必由乎是。奈何而假于人”。[①] 这是一种利末而不伤贾的思想,在那个轻贱商业和商人的时代,这种思想极为不凡。同时,刘秩将人口数量的多少与流通中的货币数量联系起来考察币值稳定,指出“夫钱重者犹人日滋于前而炉不加于旧”,[②]由于人口在盛世有了大幅度增加,而铸币炉并未因此增多,因此结果会造成钱“重”的现象。这也是一种之前并未出现过的新见解。

南宋的周行已把过去货币与商品的相对轻重关系作了进一步解释:“夫钱本无用,而物为之用;钱本无轻重,而物为之轻重”。[③]过去的轻重理论是货币与商品的相对关系而言的,二者不分主从的相互影响。周行己则指出钱本身并无轻重之说,只有在与商品相比较时才会发生轻重关系,并且只有在二者不“等”的情况下才会有一方轻而另一方重的现象。这一解释除使轻重理论更加明确外,还使它与价值联系起来,当二者“等”时,就无所谓轻重了。他说:“故钱与物本无轻重。始以小钱等之,物既定矣,而更以大钱,则大钱轻而物重矣。始以铜钱等之,物既定矣,而更以铁钱,则铁钱轻而物重矣。物非加重,本以小钱、铜钱为等,而大钱、铁钱轻于其所等故也。何则?小钱以一为一,而大钱以三为十故也。铜钱以可运可积为贵,铁钱以不可运不可积为贱故也。以其本无轻重,而相形乃为轻重”。[④]他要求商品与货币“相为等而轻重自均”,强调“轻重自均”或等一性,从而对轻重理论作了重要补充。

4.1.3.2 纸币出现后的币值稳定思想

南宋时期铜钱、铁钱和纸币并行流通,在历史上纸币第一次全国性流通,此时关于纸币尤其是关于“会子”的理解较多。南宋时会子贬值,使纸币思想蜂拥而出。由于对纸币本质的不理解,当时的思想家陷入一个谬误:将金属货币的观点直接用来分析纸币,这决定了纸币价值的决定上,将轻重论运用于此,认为“少造之则钞贵,……多造之则钞贱。而过多则不可以行”,[⑤]“盖楮之为物,多则贱,少则贵,收之则少矣”。[⑥]这一思想混淆了纸币与金属货币币值的决定因素,纸币发行量的多少在金属货币流通必要量的限度内不会影响它的流通价值,只有纸币发行量超过这个限度,纸币的价格才取决于流通中纸币的数量,此时才会出现“多则贱”的现象。当时出现“称提之术”,即兑换纸币

---

① 胡寄窗. 中国经济思想史简编[M]. 北京:中国社会科学出版社,1981:294.

② 胡寄窗. 中国经济思想史简编[M]. 北京:中国社会科学出版社,1981:295.

③④ 胡寄窗. 中国经济思想史简编[M]. 北京:中国社会科学出版社,1981:336.

⑤⑥ 胡寄窗. 中国经济思想史简编[M]. 北京:中国社会科学出版社,1981:356.

的发行管理原则,可算得上是世界历史上最早的兑换纸币理论。

元朝叶李(公元1242—1292年)的钞币条画是一种不兑换纸币条例,规定了不兑换纸币发行的理论原则,其涉及几乎所有的原则,这在我国乃至世界都是最早的不兑换纸币条例。钞币条画的出现已经超过了传统的货币思想的局限,代替传统的所谓轻重关系、子母相权等货币发行概念,从一种完全新的视角考察纸币流通问题。元朝另一位思想家卢世荣主张钱、钞并行的货币制度,"钱"包括金银在内。为了稳定中统宝钞的购买力,他一方面主张通过增加金属货币的流通量,恢复金银自由买卖,发行铜币,另一方面建议充分利用平准库的金银准备金及各地常平仓基金以压低市场价格。

从上述货币思想可知,由于中国古代没有价值理论,因此也没有对货币价值的科学认知。在金属货币流通的条件下,货币的购买力一方面取决于货币的数量,另一方面取决于商品的数量,只有二者保持一定的比例,货币的购买力、物价才会平衡,否则会出现"刀轻则籴不贵,刀重则籴不易"的现象。在有了纸币后,关于纸币的发行量也应遵循轻重的平衡思想,无论是可兑换的纸币发行原则"称提之术"还是不可兑换纸币发行时为保证币值稳定的平准库制度。这些关于货币币值稳定的思想可看作是稳定物价的另一面。

4.1.4 财政收支平衡思想

4.1.4.1 "量入为出"的财政收支平衡原则

西周是中国历史上第一次出现的形式上统一的较大王朝,必然会有一系列财政思想,其中"量入为出"的财政思想体现了现代的"收支平衡"理念。《礼记·王制》云:"冢宰制国用,必于岁之杪,五谷皆入,然后制国用。用地大小,视年之丰耗,以三十年之通制国用,量入以为出。"[①]这里强调冢宰"制国用"要到"五谷皆入"时才可用,也就是待谷物皆入,确定了财政收入,然后再安排各项财政支出。《淮南子》中有"人主租敛于民也,必先计岁收,量民积聚,知饥馑有余不足之数,然后取车舆衣食供养其欲"。[②]北宋李觏将量入为出原则具体化,提出每隔三年对"民之财数"做一次全国统计,从而能做到"为之制丰省之节",[③]征税要做到"丰年从正""凶荒则损",[④]主张专款专用,这些具体措施的目的均在于保持财政平衡。可以说西周以来的思想家都把"量入为出"看作是不可违反的财政教条,虽未被严格遵守。

---

① 胡寄窗.中国经济思想简史[M].北京:中国社会科学出版社,1981:12.

②③④ 杨敏.均衡:古代宏观经济管理的主导原则[J].上海经济研究(双月刊),1989(2).

4.1.4.2 “量出为入”的原则

唐代杨炎(公元 727—781 年)提出了相反的财政原则——量出为入。他指出,“凡百役之费,一钱之敛,先度其数而赋於人,量出以制入”。[①] 虽然杨炎没有详细阐述这一思想,但对财政理论的发展是一个里程碑。南宋的苏轼则反对“量出为入”,坚持“量入为出”原则。

“量入为出”思想支配了中国整个封建社会时期,就是在欧洲,也是到了19 世纪后期才出现量出为入原则。无论量入为出还是量出为入,其目的均是要达到一种财政收支平衡。“量入为出”的思想与陈云所强调的财政收支略有结余、不搞财政赤字的提法有异曲同工之妙,可见这一思想传统的影响深远。

4.1.5 财富分配平衡思想

先秦时期的思想家如孔丘、《管子》的作者等对财富分配不均的现象都表现出不同程度的关注,虽然其目的是出于维护封建统治、社会秩序稳定,但对整个社会经济的发展起了积极的推动作用。

4.1.5.1 均贫富思想

孔丘时代的财富分配不均现象引起很多思想家的关注。早在齐国,晏婴就提出“权有无,均贫富”。[②] 随后,孔丘(公元前 551 年至公元前 479 年)认为无限度地追求财富和社会财富分配不均是引起社会纷乱的根源,“闻有国有家者不患寡而患不均,不患贫而患不安。盖均无贫,和无寡,安无倾”。[③] 这一理论虽不能把它理解为主张在全社会范围内进行财富的平均分配,并且也没有阐述如何平均财富的办法,但值得称颂的是他第一次明确指出了财富分配不均是引起社会不安和骚乱的首要原因。可以说这是中国古代经济思想中最早意识到财富分配结果对社会经济发展的影响。《管子·国蓄》中也写到“夫民富则不可以禄使也,贫则不可以罚威也,法法令之不行,万民之不治,贫富之不齐也”[④]来解释“贫富无度则失”的原因,主张要“贫富有度”,进而维护封建统治。如何防止贫富过度两极分化,《管子》提出国家要运用价格、贷放和财政政策,做到“富能夺,贫能予”,[⑤]对于富者的“夺”,主要是利用价格政策,防止其

---

① 胡寄窗. 中国经济思想史简编[M]. 北京:中国社会科学出版社,1981:302.

② 胡寄窗. 中国经济思想史简编[M]. 北京:中国社会科学出版社,1981:43.

③ 胡寄窗. 中国经济思想史简编[M]. 北京:中国社会科学出版社,1981:44.

④ 管子[M]. 孙波注释. 北京:华夏出版社,2002:386.

⑤ 中国人民大学,北京经济学院《管子》经济思想研究组.《管子》经济篇文注译[M]. 南昌:江西人民出版社,1980:275.

乘机获取暴利，对于贫者的“予”，也只是某些形式的贷放。为防止兼并从而缓和贫富对立，《管子》还建议利用财政方式调剂各地民食并减轻租税负担。道家经典《老子》中主张“天道反对持盈”的哲学主张，认为天道总是“损有余而补不足”，进而提出均富思想，虽然只能停留在口头上，不会产生实际效果。

汉代董仲舒（公元前 179 至公元前 104 年）的限田论是将均贫富理念落实于具体的土地政策中。他赞同孔子的“不患寡而患不均”的思想，并认识到财富分配差距过分悬殊则会带来“大富则骄，大贫则忧”的结果，因此需要通过均贫富，“使富足者足以示贵而不至于骄，贫者足以养生而不至于忧”。[①] 如何防止贫富不均现象，董仲舒认为应当采取限田的方法，并指出虽然井田制对均贫富很有效，但很难推行，限田制可以弥补井田的不足，能够防止因土地兼并而导致的贫富不均，做到“上下相安”。

北宋王安石也认识到全社会财富分配在某一方面的增多，在其他方面就会减少，除增加生产外，只是变更财富的分配是不能增大社会财产总量的。他说：“尝以为方今之所以穷空，不独费出之无节，又失所以生财之道故也。富其家者资之国；富其国者资之天下；欲富天下则资之天地。盖为家者不为其子生财。……今阖门而与其子市，而门之外莫入焉。虽尽得子之财，犹不富也。盖近世之言利虽善矣，皆有国者资之天下之术耳，直相市于门之内而已。此其所以困欤！”[②]

4.1.5.2 土地政策中的均衡财富思想

反对贫富不均必然涉及封建社会最重要的生产资料——土地的归属问题。汉魏以来的思想家贾谊、董仲舒、王莽等，将拥有千万亩土地的豪族大地主看成是引起贫富不均的罪魁祸首，而对贫富不均现象产生的根源未做深入分析。北宋的苏洵（公元 1009—1066 年）对井田制的利弊进行了深刻分析，从而对当时的贫富不均有了深刻认识。首先，苏洵肯定了井田制下人人有田耕，“谷食粟米不分于富民，可以无饥”[③]的优点。其次，苏洵批判了井田制的弊端，他指出：“井田废，田非耕者之所有，而有田者不耕也。耕者之田资于富民。富民之家，地大业广，阡陌连接，募召浮客，分耕其中，鞭笞驱役，视为奴隶。安坐四顾，指挥于其间。而役属之民，夏为之耨，秋为之获，无有一人违其节度以嬉。而田之所入，己得其半，耕者得其半。有田者一人，而耕者十人。是以田

① 胡寄窗．中国经济思想史简编[M]．北京：中国社会科学出版社，1981：194.

② 胡寄窗．中国经济思想史简编[M]．北京：中国社会科学出版社，1981：308.

③ 胡寄窗．中国经济思想史简编[M]．北京：中国社会科学出版社，1981：327.

主日累其半以至于富强,耕者日食其半以至于穷而无告。”①从中可知,苏洵未将农民贫困的原因归结为像司马光认为的人们的智愚、勤惰和俭奢等因素,而是归结为地租剥削的结果,尤其他把地主阶级的日益“富强”归结为地租剥削的积累。随后,苏洵从理论上详细论述了井田制不可能恢复,要恢复需要较长时期才可以。为此,苏洵提出了他的土地改革方案,但对于无地农民也只能是空谈而已。

叶适(公元1150—1223年)同样非常重视农业并把其看作“王业”的基础,因此他非常重视土地问题,并认为农民与土地分布不均衡是当时土地问题矛盾之一,但叶适认为井田制被看作是通过土地的平均分配以实现均衡的财富分配的优越性是值得怀疑的。因此,他对井田制的批判比苏洵还要全面,大致分为四点:第一,“不得天下之田尽在官,则不可以为井”;第二,即使“田既尽在官,而其为法琐细繁密,非今天下之所能为”;第三,天子与诸侯“且各自治其国,百世不移”,故井田可行,但天下为一国范围太大,而郡县官吏“率二、三岁一代”,甚至“有不能一岁半岁而代去者”,无人来主持井田制的恢复;第四,认为井田与领土分封是“相待而行”,不存在领土分封制度,“井田虽在,亦不能独存”。②

明清之际的王夫之(公元1619—1692年)则肯定贫富不均是一种没有必要消除的现象,最好的办法就是听其自然,只需减轻赋役和严禁吏胥苛责,随“贫富代谢之不常”,③问题自然会解决。

无论出于什么考量,中国古代历代思想家都认识到,要维持社会经济平衡发展,除了保持诸如物价稳定、币值稳定以及农末比例协调等表象平衡外,还从更深层次探讨了财富分配问题,认为维持整个社会经济平衡要从深层次解决财富分配的平衡问题,一旦财富分配失衡,必然危及王权统治,引发社会动乱。

4.1.6 实现经济平衡的方式

我国古代存在两种制衡方式:一种是“通轻重之权”,即国家干预调控;另一种是“善者因之”,即自由放任。两种方式大约在先秦就出现,到两汉时期形成对立,在之后的历史中,这两种方式经常被交替使用,相较而言,国家干预调控占主导。

---

① 胡寄窗. 中国经济思想史简编[M]. 北京:中国社会科学出版社,1981:327.

② 胡寄窗. 中国经济思想史简编[M]. 北京:中国社会科学出版社,1981:350.

③ 胡寄窗. 中国经济思想史简编[M]. 北京:中国社会科学出版社,1981:411.

春秋战国时期，管仲提出了四民分业定居，即将社会成员分为士、农、工、商四大集团，分业聚居，以便国家管理，也就有了“工立三族，市立三乡，泽立三虞，山立三衡”①的国家管理之策。而儒家创始人孔丘则提出了以“礼义”为原则的制衡思想，主张自由放任。道家的创始人老子更是提出了“清静无为”“无为而治”的主张。战国时期出现了“王道”和“霸道”争论，形成了两派，一派是以商鞅为代表的国家管控，另一派是以孟轲为代表的实行“仁政”的自由放任主张。《管子》这部著作总结了之前相关的制衡思想，提出了“以轻重御天下”，具体体现在以下几个方面：首先，国家运用轻重原理管理商业和市场，方针是“敛之以轻”“散之以重”“以重射轻、以贱泄平”（《管子・国蓄》）。其次，国家以轻重原理理财，做到“见予之形，不见夺之理”（《管子・国蓄》），主张寓税于价，即“官国轨”“官山海”“官天财”（《管子・山国轨》）。最后，国家运用轻重原理处理外贸关系，实现贸易价格大体平衡，即有“重与天下调”（《管子・山权数》）、“天下高则高，天下下则下”（《管子・地数》），在本国商品缺乏时，保持“天下轻我重”（《管子・轻重乙》），在本国商品剩余时，相应采取“天下高我下”。可见，《管子》作者主张国家利用商品生产、市场和价格达到制衡经济的目的，即国家管控与市场调节两种方式结合使用。

到西汉初期，为了尽快调养生息，恢复经济，实行了重农、崇俭、轻徭薄赋的政策，实行“无为而治”，到了汉武帝时期，为了解决财政不足的问题，桑弘羊运用《管子》中的制衡思想，推行国家管控政策，如盐铁酒国营、建立均输制度和平准制度、实行公田屯田制等。这些措施与儒家的自由放任主张截然不同，进而引起了一场“盐铁论”的大辩论。与桑弘羊基本同时代的司马迁也提出了自由放任的主张，认为“善者因之，其次利道之，其次教诲之，其次整齐之，最下者与之争”，②最好的方法就是“善者因之”，即自由放任，不加干预，其他办法都是次之，由国家生产经营是与民争利，最下者，不足取。

北宋王安石倡议并成功地实现了当时北宋的政治改革，其中他认识到要能顺利推行必须创立新的有力领导机构代替旧的财政机关“三司”，从而能体现他的指导思想，即“理天下之财”，能做到“能操轻重，敛散之权”，③这显然背离了儒家传统的自由经济政策。这和王安石摧抑兼并的核心思想有直接关系，在王安石看来，封建国家不能掌握控制经济活动的权力，必然会引起兼并。

---

① 何炼成．中国古代经济管理思想与我国的宏观经济管理[J]．经济学家，1991(12)：120.

② 李诞．《史记・货殖列传》研究[M]．昆明：云南大学出版社，2002：1。

③ 胡寄窗．中国经济思想史简编[M]．北京：中国社会科学出版社，1981：308.

他说"有财而不理,则阡陌闾巷之贱人,皆能私取予之势,擅万物利,以与人主争黔首而放其无穷之欲。非必贵、强、桀、大而后能如是"。[①] 也就是说,如果采取经济自由政策,政府不加干预,则必然产生兼并。因此,国家的重要职能是摧抑兼并,既要摧毁"贵、强、桀、大"的兼并,也要防止"阡陌闾巷之贱人"进行的兼并。摧抑兼并的主要工具是财政。这些思想虽不始于王安石,但他却是把这些思想结合起来特别加以强调并大力贯彻实行的人,他说"孔曰均无贫,此语今可取,譬如轻万钧,当令众人负"。[②] 虽然王安石主张国家干预并认为国家财政的任务之一应该是"均节财用",但在盐铁酒茶一类物品的专卖问题上却主张尽量少地干涉,而尽量多地推行放任政策,这在当时成为了时代思潮的前哨。

叶适批判传统"轻末"思想,其中之一就是不同意封建国家对商业活动的干涉,他认为"今天下之民不齐久矣。开阖、敛散、轻重之权不一出于上,而富人大贾分而有之,不知其几千百年矣。而夺之,可乎?"战国以来轻重敛散之权必须由国家掌握,秦汉以后几乎无例外地主张由国家掌握轻重敛散之权,并依此打击商贾和豪强,叶适在这里提出了反传统的观点,主张自由放任,反映了当时的时代特点。

通过对上述思想的梳理可知,在中国古代社会经济管理中,长期存在着国家干预与自由放任两种制衡方式的争论,但大部分时候是倡导国家干预的。虽然这里的国家干预,目的是维护封建国家统治政权,但从国家经济管理的角度看,国家的管控是制衡经济的主要方式,这对当下的宏观调控很有启发意义。

4.2 国民经济综合平衡理论继承和发扬中国古代优秀传统

4.2.1 中国古代经济平衡思想的内容

由前文思想的梳理可知,中国古代经济平衡思想内容非常丰富。其中最能够体现平衡思想的要数轻重理论,除此之外,这些思想涉及价格与币值稳定、本末(农商)比例、财政收支平衡、财富分配均衡以及经济平衡方式的争论等,用现代经济学语言可描述为,中国古代经济平衡思想涵盖了物价稳定、物

① 胡寄窗. 中国经济思想史简编[M]. 北京:中国社会科学出版社,1981:317.

② 胡寄窗. 中国经济思想史简编[M]. 北京:中国社会科学出版社,1981:322.

资平衡、"物资本位"、财政平衡、币值稳定、财富分配平衡、国家调节与市场调节的选择,可以说包含了国民经济平衡的方方面面,这在自然经济为主导的经济条件下,相当了不起。这些思想既涉及国民经济的表象平衡,如物价稳定、货币币值稳定、农商比例平衡,又从更深层面,即从财政收支平衡、社会财富分配平衡的角度,探讨实现国民经济平衡的举措。将中国古代经济平衡思想与国民经济综合平衡理论相比较会发现,它们有很多相似之处。

4.2.2 中国古代经济平衡的特点

4.2.2.1 国家干预是实现经济平衡的主导方式

首先,国家的制衡可以弥补市场自发调节而引起的大商人垄断势力操控市场的弊端。鉴于春秋时期齐国市场经济发展中存在的严重问题,《管子·揆度》中有曰"人君操本,民不得操末;人君操始,民不得操卒。其在涂者,籍之于衢塞;其在谷者,守之春秋;其在万物者,立赀而行。故物动则应之。故豫夺其涂,则民无遵;君守其流,则民失其高。故守四方之高下,国无游贾,贵贱相当,此谓国衡;以利相守,则数归于君矣"。[①] 即是说国家掌握了根本和开始,大商人便不能操控末节和结果。通过运输货物在要塞处征税、对粮食分春秋两季掌控、对其他物资订立预购合同等措施可以促进生产,掌控商品买卖和物价,打击投机,从而使价格和价值相当,这就是国衡。能以这样的理财法管理,收入自然归国家。因此,国家是可以制衡来解决市场弊端的。虽然关于国家调节与市场调节长期存在争论,但大部分时期都是国家调节占主导,这是由中国传统政治决定的。

其次,国家宏观调控的办法是掌握"重"的物资。"彼币重而万物轻,币轻而万物重,彼谷重而币轻。人君操谷币,金衡,而天下可定也。此守天下之数也"。[②] 国家处理好粮食、货币的关系,可以实现均衡。

国家通过宏观调控,将轻重之术用于国际贸易实现制衡天下的效果。"请战衡,战准,战流,战权,战势",[③]即在调控商品供求平衡、调控物价使之平准、商品流通过程、确保国家各项经济权利、利用政治经济形势五个方面同其他国家展开经济战争。

---

① 管子[M]. 孙波注释. 北京:华夏出版社,2002:418.

② 中国人民大学,北京经济学院《管子》经济思想研究组.《管子》经济篇文注译[M]. 南昌:江西人民出版社,1980:246.

③ 中国人民大学,北京经济学院《管子》经济思想研究组.《管子》经济篇文注译[M]. 南昌:江西人民出版社,1980:294.

4.2.2.2 经济平衡是动态的

《管子》认为供求平衡不是静止的,货币、商品供求关系与物价之间的平衡状态是不存在的,即“衡无数”,国家的宏观调控引导市场调节商品供求,也只能使货币与物价保持在小幅波动区间,不可能实现完全静止均衡,“故物不得有常固。故曰:衡无数”。① 平衡是动态的,就需要宏观调控是无止境的,“若四时之更举无所终”。② 用现代语言理解,平衡是相对的,不平衡是绝对的,轻重理论要求不断调整,每一次调整都会形成新的轻重关系,新的轻重关系又要求新一轮的调整,如此循环往复,没有终结。每一次调整均针对特定目的,整个运动过程则为有利于国计和民生。

4.2.2.3 实现经济平衡的手段多样

①通过掌握谷物、货币运用轻重理论调控市场。②保持适度消费和货币供给,进而保持市场平衡。《管子·乘马》中的一段话道出了其中奥妙,“故俭则伤事,侈则伤货。俭则金贱,金贱则事不成,故伤事;侈则金贵,金贵则货贱,故伤货。货尽而后知不足,是不知量也;事已而后知货之有馀,是不知节也。不知量,不知节,不可,为之有道”。③ 因此,调控经济实现平衡要懂得经济规律,即“道”也。③国际贸易应使用公开市场操作。④用奢侈品调控货币供求。⑤利用季节和地区丰歉调节粮食供求,即运用“平准”保持粮食供求平衡。除了上述针对表象经济平衡的举措外,还有均贫富及相关土地政策、国家对农商比例的干预政策、财政收支平衡政策等涉及经济平衡的深层层面的政策举措。

4.2.3 国民经济综合平衡理论与中国古代经济平衡思想关系探究

4.2.3.1 国民经济综合平衡与中国古代经济平衡比较

在对中国古代经济平衡思想梳理的基础上不难发现,国民经济综合平衡理论的大部分内容几乎都可以在这里找到最原始的表述,虽然二者所处的经济时代截然不同。究其缘由,一方面是按比例规律的要求,另一方面,中国很早就是一个中央集权一统的国家,有悠久的国家调节经济的传统。表 4-1 直

---

① 中国人民大学,北京经济学院《管子》经济思想研究组.《管子》经济篇文注译[M]. 南昌:江西人民出版社,1980:325.

② 中国人民大学,北京经济学院《管子》经济思想研究组.《管子》经济篇文注译[M]. 南昌:江西人民出版社,1980:274.

③ 管子[M]. 孙波注释. 北京:华夏出版社,2002:24.

观呈现出国民经济综合平衡理论与中国古代经济平衡思想的异同，从中可以看出二者的许多相似之处。

表 4-1 中国古代经济平衡思想与国民经济综合平衡理论的比较

	中国古代经济平衡思想			国民经济综合平衡理论	
	内容	具体思想	操作方法	操作方法	内容
表面的经济平衡	价格思想物资供求平衡	平粜（范蠡） 平籴（李悝） 轻重理论（《管子》） 平准措施（桑弘羊） 常平仓（耿寿昌） 市平（王莽） 设置商业情报网（刘宴） 青苗法（王安石） 谷物自发流转（苏轼） 平准周急库（卢世荣） 稳物价王之本分，价格报告制度（丘濬）	价格政策置于市场价格变动规律基础上稳定谷物价格； 政府掌握谷物和货币，通过买卖谷物掌握谷物并控制价格，进而控制经济，以贱泄平； 重要物资定价格标准； 稳物价是王之本分，扩展常平仓	轻重之术： 掌握物资、 充实财政、 调剂盈虚、 平衡物价、 防止物资外泄、 吸取外货进口、 从事国际贸易垄断	稳定物价的做法：发展生产，增加供给，“物资本位”
	小农式结构平衡	重农抑商的小农式按比例的经济结构	在不伤害本的前提下发展末劳动力从业保持特定比例	社会生产各环节、国民经济各部门保持比例	社会再生产各环节、两大部类间及内部比例
	货币币值稳定	“子母相权论”（单旗） “轻重论”（《管子》、墨家、刘秩、周行己） 纸币币值稳定（叶李）	权衡货币购买力与物价关系发行相应币值货币，以稳定币值；币值“积则重，散则轻”“刀籴相贾”	国家掌握重要物资，通过抛售商品调节流通中货币量	以“物资本位”为原则发行纸币
	财政收支平衡	量入为出（主导） 量出为入（杨炎）	量入为出，鼓励农业生产，减税，增加财政收入	不依靠赤字，量入为出，发展生产增加收入	财政收支平衡

续表

中国古代经济平衡思想				国民经济综合平衡理论	
	内容	具体思想	操作方法	操作方法	内容
深层平衡	财富分配均衡	“权有无，均贫富”（晏婴）“不患寡而患不均”（孔子）“贫富有度”《管子》批判井田制（王安石）	国家利用价格、财政、贷放政策做到“富而夺，贫而予”“限田论”（董仲舒）认识到土地所有制是财富分配不均的根本原因	财政政策、货币政策、产业政策、区域政策、收入政策	积累和消费比例，国民收入分配平衡，所有制结构平衡
	经济平衡方式	通轻重之权（《管子》）“善因论”（司马迁）	国家主导封建经济，利用市场价格规律	国家计划与市场调节（价值规律）有机结合	有计划，利用价值规律

资料来源：根据前面内容整理形成。

虽未能发现国民经济综合平衡理论相关文献中对中国古代经济平衡思想继承的直接文字证据，但从以下几个实例可以看到国民经济综合平衡理论对中国古代优秀传统的继承和发扬。

实例一：新中国成立之初，面对国民经济恢复时期的通货膨胀和物价波动，陈云亲自部署指挥战役，稳定物价的成功经验与轻重理论有异曲同工之妙。首先，加强了农村市场粮食、棉花等当时具有战略意义的物资的收购，将其运往城市，为国家控制物价提供了物质基础，完全是利用了“彼币重而万物轻，币轻而万物重；彼谷重而万物轻，谷轻而万物重”①的原理。同时，积极组织工业品下乡，向农民供应生产、生活资料，帮助农民恢复农民恢复生产的同时，有利于国家回笼货币，以期达到“人君操谷币准衡而天下可定也，此守天下之数也”。②掌握重要物资，掌握国家对市场领导的主动权，这是中国古代的轻重理论的基本思想，其被陈云等人应用于实践，不得不说这是中国优良传统继承和发扬的典型案例之一。

实例二：关于财政收支平衡。陈云一直主张财政赤字不可取，这与当时西方资本主义国家正在如火如荼地以凯恩斯宏观经济理论为指导、通过增加财政赤字增加有效需求进而刺激经济增长的做法形成鲜明对比。在新中国成立之初，

①② 中国人民大学，北京经济学院《管子》经济思想研究组．《管子》经济篇文注译［M］．南昌：江西人民出版社，1980：246.

陈云对解决当时的财政问题,认为解决的路径有两条:一是增加税收,二是多发票子。发行票子过多会导致通货膨胀、物价上涨,票子贬值,引起物价不稳定,因此,依靠发票子不能解决根本问题。发行公债的收入所占比重很小,只能增加税收,这是最好的办法。陈云一直坚持财政收支平衡略有结余的方针,事实证明这一方针有利于当时金融稳定,而稳定的市场环境是国民经济综合平衡的首要条件。这一原则与中国古代"量入为出"的财政思想如出一辙。

实例三:将国家计划调节与市场调节相结合。陈云根据马克思主义原理,结合我国社会主义经济实践和生产力发展状况,在20世纪50年代就提出了"计划经济为主、市场调节为辅"的原则。在党的八大会议《关于社会主义改造基本完成以后的新问题》的讲话中,陈云完整地阐述了计划经济与市场经济相结合的思想。这个观点被我国经济工作领导人完全认可并实施。同时,陈云在调查研究的基础上主张放宽市场管理,重要物资如粮食、布匹要统购,实行计划分配,有些供不应求的热销货也要实行计划分配,其余的可以自由选购,如农村小土产中的一部分产品,形成了计划调节为主、市场调节为辅的思想,虽然当时这一思想没能很好地付诸实践。这一提法是对马克思的有计划按比例理论的发展创造,不是完全照搬,这是对中国传统的轻重之权为主导背景下有时也会发挥市场调节的传统的发扬。

以上三个实例在一定程度上支持了笔者观点,即国民经济综合平衡理论受中国传统的影响,不妨从学理上进一步探究。

4.2.3.2 国民经济综合平衡理论继承发扬中国古代经济平衡思想的学理分析

国民经济综合平衡理论是马克思经济平衡理论中国化的成果,关于马克思主义之所以能在中国开花结果,已有很多探索。正如田辰山为《中国古代的社会主义》作序中所说的"马克思主义的'社会主义'与中国传统思想文化,原本是有天然联系的"。[①] 由于中国传统文化的特点,也可以得出国民经济综合平衡理论和中国古代经济平衡思想的继承关系。

(1)按比例规律是一般经济规律,贯穿于整个人类社会物质资料生产过程。在中国古代,按比例规律的实现是以国家的调节为主导,在一定范围内利用市场调节。中国古代经济活动同样面临着资源约束下合理配置资源的问题,按比例经济规律存在并发挥作用。经济基础决定上层建筑。中国自西周就是统一的中央集权国家,出于维护封建王权统治的需要,整个中国封建社会

① 李学俊. 中国古代的社会主义[M]. 北京:知识产权出版社,2017:2.

时期的经济几乎都是在国家调控下运行,历代思想家、统治者都在关注如何实现经济平衡,从而保持政局稳定,维护统治者的权益,运用轻重之术以求经济平衡就是重要代表之一。在按比例规律的实现方式上,自然就采取了国家调节为主导,一定范围内利用市场调节。由前述可知,国民经济综合平衡理论在对无产阶级政权从革命战争到社会主义制度确立,再到当下的稳定统治都发挥了至关重要的作用。历史经验证明,不讲综合平衡,国民经济发展会受阻甚至停滞倒退,社会秩序混乱;反之,讲综合平衡,国民经济发展良好,社会秩序稳定,并进一步推动政权巩固。从这一点看,二者具有一致性。同时,在实现方式上都将国家调节与市场调节结合,二者具有相似性,虽然二者的经济基础截然不同,经济规律发挥作用的条件有所不同。

(2)追求平衡是中国古代自然哲学的基础,是尚“中”传统的体现。中国古代思想家在思考经济问题时总是寻求一种“平衡”,这和中国古人对客观世界的认识讲求阴阳平衡、崇尚“中”的思想有关。战国时代,阴阳家与五行家两个自然哲学学派各自陈述了他们宇宙生成论。阴阳家认为,宇宙之间有阴和阳两股力量,二者交缠互动,成为宇宙运行的动力。宇宙之间所有的事物都有阴的面和阳的面。两者并不是对立,也能互补。五行家则将宇宙的构成归纳成金、木、水、火、土五个因素,或是五个成分。五者相配生成万物,每一件事物都有特定的五行成分,不能过多,也不能过少。秦汉以后,阴阳家和五行家的学说结合在一起,成为中国自然哲学形而上学理论的基础。阴阳两个因素不能独立运作,应当调和而不是对抗,在两个因素之中,永远是寻找平衡,任何一面的过强或过弱都会造成整体的不平衡,进而导致灾难。[①]《易经》的八卦排演直观表达了“由对立开始的过程,必以对立的参和调剂而结束。这种参和,也正是中,是动态的中”,[②]即事物的发展是由矛盾运动推动的,但要保持一个度,否则就会过,其体现的就是尚“中”观念。在《礼记・中庸》中,更是明确提出“执其两端,用其中于民”。古人维持平衡的主要办法是“求全”,而且他们意识到平衡是不断变化的状态,需要经常调整,不能走极端,否则就会破坏原有的平衡状态。荀子也认为对待“欲”“恶”要辩证地看,他说“见其可欲也,则必前后虑其可恶也者;见其可利也,则必前后虑其可害也者。而兼权之,熟计之,然后定其欲恶取舍,如是则常不失陷矣。”[③]理政中的尚“中”思想更多见,如“政宽则民慢,慢则纠之以猛;猛则民残,残则施之以宽。宽以济猛,猛以济

① 中国文化的精神[M]. 北京:九州出版社,2011:52.

②③ 杨敏. 均衡:古代宏观经济管理的主导原则[J]. 上海经济研究(双月刊),1989(2).

宽,政是以和”。① 由上面这些表述可知,这里的“中”讲求动态、全面,运用现代观点解释就是一种朴素的辩证法。所谓尚“中”就是追求一种平衡的状态,具体的做法是,把握事物发展的两级,使其不断调和,维持平衡状态。古人在经济管理中处理各种事物以及经济与政局的关系中追求平衡,正是崇尚“中”这种思维的产物。在对比了中国古代经济平衡与国民经济综合平衡的具体做法后不难发现,它们在很多理念中体现了尚“中”的特点,如“过犹不及”“统筹兼顾”“建设规模要与国力相适应”“协调发展”等提法。由此可知,国民经济综合平衡理论继承发扬了中国古代尚“中”的优秀传统。

小　结

本章梳理了中国古代经济平衡思想,并与国民经济综合平衡理论作比较,发现后者的很多内容在前者中都能找到原始的表述,既有价格稳定、币值稳定、物资供应平衡、经济比例适当、财政平衡等反映经济平衡表象层面的思想,又有财富分配平衡及相关的土地政策等经济平衡深层原因的思想。可见,中国古代经济平衡思想无论在内容的丰富上还是认识的深度上,都与国民经济综合平衡理论高度相似,虽然二者产生的经济背景明显不同。究其缘由,第一,按比例规律是人类社会经济活动中的一般经济规律,在中国古代经济中存在并发挥作用。因此,中国古代思想家思考资源约束下的按比例规律的实现就形成了中国古代经济平衡思想。第二,中国很早就形成了中央集权的国家,为了维护国家的统治,在按比例规律实现方式上,国家调节主导,一定范围采用市场调节。第三,尚“中”的传统决定了国家在经济统治中寻求平衡。因此,国民经济综合平衡理论继承发扬了中国古代经济平衡思想的优秀传统。

① 杨敏. 均衡:古代宏观经济管理的主导原则[J]. 上海经济研究(双月刊),1989(2).

第❺章

国民经济综合平衡理论的时代价值

5.1 国民经济综合平衡理论是我国经济管理理论的重要创造

中国的经济理论扎根于中国的实践。中国 70 多年的国民经济实践正反两方面经验证明，当经济发展统筹兼顾、综合平衡时，则经济健康快速发展；反之，当经济比例失衡、不平衡时，经济发展往往受阻、跌宕起伏。毛泽东、陈云、邓小平、薄一波、江泽民、胡锦涛、习近平等党的财经领导专家以及王学文、薛暮桥、马寅初、孙冶方、杨坚白、董辅礽、李成瑞、刘国光、尹世杰、黄达、宋则行等为代表的经济学者，结合中国国情和发展实际，总结提出了国民经济综合平衡理论，这是中国经济管理中呈现的客观规律。在新民主主义革命时期，他们就有意识地按这一规律认识经济问题，对解决当时面临的经济困难，促进经济发展发挥了重要作用，为革命胜利奠定了物质基础。在社会主义改造时期以及社会主义经济制度确立初期，运用这一规律指导社会主义经济建设，及时总结经验教训，从正反两方面证实了遵循国民经济综合平衡，经济就会发展；否则，经济发展就会受阻甚至倒退。在实践和理论的互动中，形成了中国的国民经济综合平衡理论。中国经济建设的经验表明，国民经济再生产过程中要遵循按比例规律，即综合平衡，这是客观规律，是经济向前发展的基本条件和保证。在随后改革开放 40 多年的实践中，国家更是从国家规划、宪法层面贯穿了国民经济综合平衡理念。从实现路径上，明确将计划与市场有机结合；从内容上，由最初的强调经济总量平衡到结构平衡，由"三平衡"发展到"四平衡"，不断深化和扩展其内容，更加强调总量基础上的结构平衡、动态协调。"十五"时期以来，在国民经济发展中，我们更加注重社会收入分配的平衡、国民经济与人口、资源、生态环境的平衡，为国民经济综合平衡赋予了更丰富的内涵，创新和发展了这一理论。

萌芽于新民主主义时期，形成于社会主义经济制度确立和社会主义经济建设时期，发展创新于社会主义市场经济建设新时期，国民经济综合平衡理论并非只适用于计划经济时期，而是生产社会化条件下经济发展必须遵循的规律，是将现代经济学总供求均衡命题用中国特色的语言表述出来，既不是源于西方经济学，也没有效仿苏联（苏联没有这样的提法），完全扎根于中国实践的土壤，是对中国经济活动实践经验的最好总结，是我党和国家经济管理理论的重要理论创造。

前面对国民经济综合平衡理论研究文献做了系统梳理，在提炼概括其理论内涵、特点的基础上，分别同西方经济均衡、马克思主义经济平衡以及中国古代经济平衡思想作比较，得出如下结论：第一，国民经济综合平衡理论是我国经济管理理论的重要创造，在当下并未过时，对中国特色社会主义经济建设依然具有重要的时代价值，宏观调控是国民经济综合平衡理论在新时代的转型创新；第二，国民经济综合平衡理论以马克思的经济平衡理论为理论基础，同时继承发扬了中国古代的优秀传统。

5.2 国民经济综合平衡理论的未来启示①

理论作为历史的产物，在不同的时代有不同的内容和形式。1978 年以前，国民经济的综合平衡在相对封闭、供不应求的背景下进行管理，以实物和财政为主，在国内市场上实现，财政信贷统一平衡的主要问题是流动资金和基本建设投资的安排问题。1978 年以后，国民经济的综合平衡在相对开放到全面开放、从供不应求到供给过剩的背景下进行管理，以计划与市场、财政和金融配合为主，在国内和国际两个市场、国有和民营两大主体间统筹，国民经济的综合平衡在系统性、整体性和协同性上更加复杂，宏观指标不仅关注财政、金融、贸易、外汇总量与结构平衡，而且关注增长、稳定、就业、物价等多重目标，经济、社会、科教、生态、国家安全、金融风险防控等协调发展。这个演进过程至少给我们这样一些启示。

5.2.1 中央政府的经济权威是实现国民经济综合平衡的关键

国民经济综合平衡理论是基于自觉运用价值规律、产业发展规律基础上，通过经济计划、规划和宏观经济调控使国民经济达到有计划、按比例、综合平

① 林光彬，拓志超．中国的国民经济综合平衡理论［J］．政治经济学评论，2019（2）．

衡,进而推动经济发展的思想。因此,实现国民经济综合平衡的行为主体是政府,并且只有在中央政府统一领导国家的财经管理工作条件下才可能实现。无论是战争时期还是社会主义建设时期以及改革开放以来,均是政府作为主体来调节宏观经济,达到经济综合平衡。无论是计划经济体制还是市场经济体制,政府作为经济活动中的最大主体,其在经济活动中起着主导作用,它的行为直接影响到其他经济主体的经济行为。因此,中央政府的经济权威是实现国民经济综合平衡的关键。在我国计划经济时期,中央政府通过统一调拨全国物资、财力、人力,按照计划,分轻重缓急配置资源,在资源紧张的条件下达到相对均衡,即物价波动较小、物资供求较一致、财政收支平衡、对外贸易收支平衡、经济平稳增长。在社会主义市场经济时期,随着科技和生产力发展,商品由短缺到过剩,人民生活水平日益提高,经济全球化纵深发展,各种社会经济矛盾逐步演进和转化,要做到经济综合平衡,既要以中央政府的经济权威为主导,又要发挥中央政府与地方政府、政府和企业两个方面的积极性,实现政府财政、金融、贸易、国际收支的综合平衡,还要从根本上做到政府、企业、个人三个经济主体之间的利益综合平衡,实现社会财富分配、财政收支和国际收支平衡。

5.2.2 国民经济综合平衡理论更加强调“综合”平衡

“综合”平衡即统筹兼顾、协调配合。在不同经济条件下,国民经济综合平衡的目标与内容的设置要与时俱进进行调整,做到统筹兼顾。不同的时代、不同的发展阶段,社会经济发展的主要矛盾不同,不平衡的内容和形式不同,但目标的达成有赖于内容之间的“综合”平衡,而不是将各自平衡。在战争时期和新中国成立初期物资严重匮乏、通货膨胀严重的情况下,综合平衡的目标就是通过掌控物资来调控市场,达到物价稳定、发展生产、保障供给的目标;同时正确处理积累和消费的比例关系,达到物资供求均衡,几个目标要“综合”平衡。随着社会主义经济建设的展开,综合平衡包括三大目标:一是统一财政收支进而做到财政收支平衡;二是控制货币发行、增发公债,达到金融收支平衡;三是随着改革开放的深化,对外贸易的不断扩大,达到对外收支平衡。同时还要做到它们之间的综合平衡。可见,财政、金融、贸易与国际收支构成的“三平衡”或“四平衡”是一个不断适应经济条件变化而发展的动态演进过程。改革开放以来的增量改革和让一部分人、一部分地区、一部分行业先富起来的政策持续一段时间后,形成了国民经济新的不平衡,如城乡差距、区域差距、行业差距、收入分配差距、对外开放与对内开放不平衡、外汇占款过多、环境恶化等社会经济矛盾突出。针对这些新的发展失衡,我国对综合平衡思想进行了与时俱进的创新。如推进新农村建设,实行西部大开发战略、振兴东北老工业基地、推动中部崛起、实行精准扶贫等政策缩小城乡与地区发展差距。同时,实现国民经济综合平衡不仅要做到经济领域的综合平衡,随着社会发展和人类进步,更要做到国民经济与社会、民生、生态环境、国防等其他社会系统之间的平衡。

5.2.3 在综合平衡中不断深化关于政府与市场关系的认识

我国实现国民经济综合平衡的途径在不断摸索中调整,经过一系列实践和经验教训不断成长、成熟。新中国成立初期,在统一财经工作后,中央政府统一下达指令性计划,统一调拨全国物资,为我国顺利由新民主主义向社会主义过渡、完成社会主义改造、确立社会主义经济制度奠定了物质基础。由于高度集中的计划经济自身的缺陷,导致了经济效率低下、国民经济结构比例失衡等问题。因此,我国进行了社会主义市场经济体制改革,更加注重市场调节和价值规律的作用,将宏观调控与市场调节有机结合实现国民经济综合平衡。因此,政府计划什么、规划什么、调节什么,都要随市场条件、生产力发展、生产关系变化、经济环境的开放与封闭、国家发展目标等实时进行调整。在深化政府和市场关系的认识中,关键是深化对生产力与生产关系、经济基础与上层建筑相互作用的认识。我国的发展经验表明,只有先解放了生产关系,生产力才能大发展;只有先理顺了上层建筑,经济才具备大发展的宏观条件。

5.2.4 国民经济综合平衡要重视战略、战役、战术层面的衔接

国民经济发展的战略思维是中国共产党和中国政府发展经济的一个重要方法论。体现战略思维的是政府中长期五年计划、十年二十年战略规划,体现战役的是专项计划与规划,体现战术的是年度工作计划、年度财经或经济工作会议。我国从计划经济体制到市场经济体制,从指令性计划转变为指导性计划,从五年计划到五年规划,国家通过预期性与约束性相结合的方法引导国民经济发展。我国制订的计划或规划尤其重视重大比例关系的平衡。如总供求关系、生产与分配的关系、效率与公平的关系、投资与消费的关系、三次产业的发展顺序与比例关系、城乡关系、区域关系、经济与社会的关系、经济社会发展与生态环保的关系、国内经济与国际经济的关系等。经济实践的历史表明,只有战略、战役、战术三个层面的有机配合才能实现国民经济有计划、按比例、综

合平衡的发展。面对复杂的环境和问题，国民经济发展要在战略上关注全局性、根本性、长远性、前瞻性的问题，处理好总量平衡与结构平衡，统筹兼顾，综合平衡。在战役上，要加强党中央对经济的集中统一领导，稳中求进，全面提高发展的系统性和协同性，财政、货币、外汇、投资、产业、贸易等政策要衔接匹配。在战术上，要实事求是，小步快走，循序渐进，充分激发地方政府的发展活力和积极性，并随着经济主要矛盾的变化而动态调整。总之，国民经济发展的出发点和落脚点都要以人民为中心，综合平衡要服务于国家战略目标和国民经济的发展，不是为了平衡而平衡。

国民经济综合平衡理论是中国的宏观经济理论，是中国共产党在管理经济的实践中形成的，来源于实践，用于指导实践，在实践变化中发展演进。中国从站起来到富起来、强起来的历史演进说明，国民经济综合平衡管理是发展经济的一个制胜法宝，是社会主义经济发展需要遵守的基本经济规律。1952~2018 年，我国 GDP 年均增速超过 8%；2018 年人均国民生产总值 GDP 超过 9000 美元，居民人均收入达到中等发达国家以上收入水平，居民生活消费恩格尔系数下降到 30%左右；中国农村贫困人口从 8.78 亿人降到 2018 年底的 2000 多万人，占全世界减贫人数的 75%；中国迅速从一个科技和教育小国弱国发展为大国，正向强国迈进，现在每年毕业的大学生超过 800 万人，每年科技专利的增长率排世界第一。这些经济事实说明，中国特色社会主义经济模式是实现经济增长、提高民众平均生活水平和消除贫困的有效可行方式，也说明我国在国民经济管理上是成功的，也证明了实践中形成的国民经济综合平衡理论经得起历史的检验。

2017 年，党的十九大召开，我国社会的主要矛盾发生了转变，已由过去的人民不断增长的物质文化需要与落后的社会生产力的矛盾转变为人民不断增长的美好生活需要同不平衡、不充分发展间的矛盾，标志着中国特色社会主义进入新时代。国民经济综合平衡理论作为马克思社会再生产理论中国化的重要成果，作为中国共产党执政规律在经济领域的理论探索成果，作为社会主义建设规律的理论探索成果，也作为中国对人类社会经济发展规律认识的理论探索成果，自然也是中国特色社会主义政治经济学学术体系和话语体系的重要组成部分，其内容和形式也会随着中国特色社会主义的发展而不断发展。

面对中国未来发展上存在的许多挑战，继续保持国民经济综合平衡依然是保证我们实现中国梦的重要法宝之一。随着新事物的出现，国民经济综合平衡思想的内容应当拓展，不仅包括之前的社会主义公有制与非公有制经济之间的平衡、社会主义与市场经济的平衡、有为政府与有为市场之间的平衡、政治与经济之间的平衡、党的集中领导与发挥各方面积极性的平衡关系、融入全球化与独立自主之间的平衡关系等这些固有的平衡关系,还应当处理好虚拟经济与实体经济、经济发展与生态文明建设等这些新的平衡关系。[①]

小　结

国民经济综合平衡理论是中国经济建设宝贵经验的总结提炼,是马克思主义理论中国化的成果之一,是我党和国家经济管理进程中的重要理论创造,它继承和发扬了中国古代的优秀传统,是中国宏观经济理论的重要内容之一,对社会主义市场经济建设将继续发挥理论指导作用。本书有助于重新认识、定位这一理论在当代的地位和作用,对中国宏观经济理论体系的构建以及继承和发扬中国古代优秀传统都有重要的启示作用。随着经济的发展,会出现新的矛盾,遇到新的问题,国民经济综合平衡会遇到新的挑战,这一理论在内涵和实现方式上将继续丰富和发展。因此,有必要结合中国特色社会主义经济实践,继续深化发展这一理论。本书对继续深化研究这一理论做了前期的奠基工作。

① 何自立. 改革开放40年中国经济发展模式形成的基本经验[J]. 政治经济学评论,2018(6).

参考文献

[1]薄一波．薄一波文选[M]．北京:人民出版社,1992.

[2]布哈林．布哈林言论[M]．北京:生活·读书·新知三联书店,1976.

[3]布哈林．过渡时期经济学[M]．北京:人民出版社,1980.

[4]布哈林．历史唯物主义理论[M]．北京:人民出版社,1983.

[5]陈云．陈云文选(1~3卷)[M]．北京:人民出版社,1986.

[6]陈云．陈云文稿选编(1949-1956年)[M]．北京:人民出版社,1985.

[7]陈东琪．中国经济学史纲(1900-2000)[M]．北京:中国青年出版社,2004.

[8]戴园晨．社会主义宏观经济学[M]．北京:中国财政经济出版社,1986.

[9]邓小平．邓小平文选(第2卷)[M]．北京:人民出版社,1994.

[10]董辅礽．社会主义再生产和国民收入问题[M]．北京:生活·读书·新知三联书店,1980.

[11]格伦·哈伯德,蒂姆·凯恩．平衡[M]．北京:中信出版社,2015.

[12]黄达．财政信贷综合平衡导论[M]．北京:中国金融出版社,1984.

[13]黄达．黄达经济文选[M]．北京:中国时代经济出版社,2010.

[14]胡寄窗．中国经济思想史[M]．上海:上海财经大学出版社,1998.

[15]胡寄窗．中国经济思想史简编[M]．北京:中国社会科学出版社,1981.

[16]江泽民．江泽民文选(第1卷)[M]．北京:人民出版社,2006.

[17]李成瑞．陈云经济思想发展史[M]．北京:当代中国出版社,2005.

[18]列宁．对布哈林《过渡时期经济学》一书的评论[M]．北京:人民出版社,1976.

[19]林光彬．财局与政局:中国的政治经济关系[M]．北京:人民出版社,2018.

[20]李学俊．中国古代的社会主义[M]．北京:知识产权出版社,2017.

[21]卢映川．发展的路径:新综合平衡论[M]．北京:北京大学出版社,2007.

[22]《论综合平衡》编辑组．论综合平衡——国民经济综合平衡理论问题讨论会文集[M]．北京:中国财政经济出版社,1981.

[23]马克思,恩格斯．马克思恩格斯全集[M]．北京:人民出版社,1975.

[24]马克思．剩余价值理论[M]．北京:人民出版社,1975.

[25]马克思．政治经济学批判大纲[M]．北京:人民出版社,1975.

[26]马寅初．我的经济理论哲学思想和政治立场[M]．北京:财政出版社,1958.

[27]钱伯海．国民经济综合平衡统计[M]．北京:中国财政经济出版社,1982.

[28]钱穆．中国经济史[M]．北京:北京联合出版社,2014.

[29]钱伟长．20世纪中国知名科学家学术成就概览．经济学卷(第一分册)[M]．北京:科学出版社,2013.

[30]斯坦利·L. 布鲁．经济思想史(第8版)[M]．北京:北京大学出版社,2013.

[31]宋则行．社会主义宏观经济学[M]．沈阳:辽宁大学出版社,1989.

[32]孙波注释．管子[M]．北京:华夏出版社,2000.

[33]孙冶方．孙冶方选集[M]．太原:山西人民出版社,1984.

[34]孙冶方．社会主义经济的若干理论问题[M]．北京:人民出版社,1984.

[35]孙冶方．社会主义经济的若干理论问题续集[M]．北京:人民出版社,1982.

[36]谈敏．法国重农学派学说的中国渊源[M]．上海:上海人民出版社,1992.

[37]田江海．国民经济综合平衡理论[J]//经济研究编辑部．中国社会主义经济理论的回顾与展望[M]．北京:经济日报出版社,1986.

[38]许涤新．中国社会主义经济发展中的问题[M]．北京:中国社会科学出版社,1982.

[39]许倬云．中国文化的精神[M]．北京:九州出版社,2011.

[40]薛暮桥．社会主义经济理论问题[M]．北京:人民出版社,2009.

[41][匈]亚诺什·科尔内．反均衡[M]．北京:中国社会科学出版社,1988.

[42]尹世杰．论国民经济综合平衡[M]．长沙:湖南人民出版社,1981.

[43]赵靖．经济学志[M]．上海:上海人民出版社,1998.

[44]中共中央文献研究室编．毛泽东文集(第七卷)[M]．北京:人民出版社,1999.

[45]安然．布哈林的平衡论思想及其历史影响[D]．西华师范大学硕士学位论文,2015.

[46]薄一波．薄一波同志谈积累与消费的比例关系问题[J]．财政,1983(1).

[47]薄一波．关于经济部门整风的几个问题[J]．新华半月刊,1958(7).

[48]薄一波．关于一九六四年计划的问题[J]．党的文献,1998(4).

[49]薄一波．薄一波文稿两篇:三十年来经济建设的回顾(1980 年 1 月 15 日)[J]．党的文献,2008(2).

[50]蔡恺民．布哈林的经济平衡发展观点初探[J]．国际共运史研究资料,1981(12).

[51]常青．试论陈云的经济平衡思想[J]．西北民族学院学报(哲学社会科学版,汉文),1998(1).

[52]陈佳贵．要重视比例计划[J]．经济体制改革,1984(8).

[53]陈秉正等．国民经济综合平衡的目标规划方法[J]．经济理论与经济管理,1985(3).

[54]陈国权．《管子》轻重理论的均衡思想[J]．财经研究,2009(11).

[55]陈淑魁．财政的战略平衡与平衡战略[J]．财经问题研究,1987(5).

[56]陈述．循序推进与重点突破:从轨迹看改革理论传承[J]．改革,2013(10).

[57]陈宪．国际收支平衡与国民经济综合平衡[J]．金融与经济,1988(3).

[58]陈彦斌．“十三五”规划纲要关于宏观调控的新思路[N]．光明日报,2016-05-04.

[59]程霖等．陈云经济思想新探[J]．财经研究,2010(12).

[60]程恩富．习近平的十大战略思想[J]．人民论坛,2013(12).

[61]杜本礼．刘少奇对“大跃进”运动的反思[J]．河南师范大学学报(哲学社会科学版),2002(11).

[62]邓子基．为《国家分配论》答疑[J]．厦门大学学报(哲学社会科学版),1983(8).

[63]邓子基．坚持发展“国家分配论”[J]．财政研究,1997(1).

[64]邓子基．国家分配论就是国家财政论[J]．福建论坛(人文社会科学版),2001(10).

[65]邓子基．维护国际权威,在整合中发展国家分配论[J]．福建论坛(人文社会科学版),2003(6).

[66]董辅礽．确定积累和消费比例的若干方法论问题的探讨[J]．经济研究,1959(11).

[67]董辅礽．论价值——货币形态与使用价值——实物形态的积累基金和消费基金之间的平衡问题[J]．经济研究,1961(8).

[68]董辅礽,乌家培．关于居民购买力同消费品供应之间平衡关系的几个问题[J]．经济研究,1962(10).

[69]董辅礽．国民经济平衡和经济体制的改革[J]．社会科学辑刊,1981(6).

[70]董辅礽．“一要吃饭,二要建设”是指导我国经济工作的一项基本原则[J]．学习与思考,1982(12).

[71]董辅礽．孙冶方关于国民经济平衡问题的理论观点[J]．中州学刊,1983(6).

[72]董志煌．国民经济综合平衡时空观[J]．福建论坛(经济社会版),1988(12).

[73]方福前．30 年来我国宏观经济调控思想的演变[J]．教学与研究,2008(9).

[74]郭北辰等．马克思再生产理论与社会主义综合平衡[J]．兰州商学院学报,1987(7).

[75]韩忠本．从经济实践中提出和研究问题——评李成瑞著《财政、信贷与国民经济综合平衡》一书[J]．经济研究,1982(2).

[76]何炼成．中国古代经济管理思想与我国的宏观经济管理[J]．经济学家,1991(12).

[77]何自立．改革开放 40 年中国经济发展模式形成的基本经验[J]．政治经济学评论,2018(6).

[78]洪远朋．运用马克思再生产理论做好调整工作,促进国民经济有计划按比例发展——读《资本论》札记[J]．经济问题探索,1980(3).

[79]黄达．议财政、金融和国有企业资金的宏观配置格局[J]．经济研究,1995(12).

[80]黄达．宏观调控与货币供给[J]．中国社会科学,1993(9).

[81]纪宝成,童年成．中国古代宏观经济思想探析[J]．财贸研究,2000(1).

[82]江宏．国民经济综合平衡整体评价方法[J]．统计研究,1986(10).

[83]邝日安,刘国光,董辅礽．论实现我国社会主义建设总路线中国民经济平衡工作的基本任务和原则[J]．经济研究,1959(12).

[84]李成瑞．财政、信贷平衡与国民经济的综合平衡[J]．经济研究,1981(4).

[85]李成瑞．社会主义市场经济条件下“四大平衡”理论的再认识[J]．经济研究,1996(1).

[86]李成瑞．关于预算、信贷、物资平衡问题的探讨[J]．经济研究,1964(3).

[87]李光宇．对国民经济有计划按比例发展规律的看法[J]．经济研究,1959(3).

[88]李皓．试论国民经济综合平衡的哲学依据[J]．中央财政金融学院学报,1983(1).

[89]林光彬．重新理解市场与政府在资源配置中的作用[J]．教学与研究,2017(3).

[90]林光彬．我国是古典政治经济学的创始国[J]．政治经济学评论,2015(9).

[91]林光彬．中国财政改革的政治经济学逻辑[J]．中央财经大学学报,2016(2).

[92]林光彬．中国的国家理论与政治经济学理论体系创新[J]．中国社会科学院研究生院学报,2017(11).

[93]林光彬,拓志超．中国的国民经济综合平衡理论[J]．政治经济学评论,2019(2).

[94]刘国光．关于固定资产更新规模的决定因素的一些问题[J]．经济研究,1964(3).

[95]刘国光．关于政府和市场资源配置中的作用[J]．当代经济研究,2014(3).

[96]刘国光,程恩富．全面准确理解市场与政府的关系[J]．毛泽东邓小平理论研究,2014(2).

[97]刘国光．关于宏观调控若干问题的思考[J]．北京行政学院学报,

2005(2).

[98]刘国光．关于国民经济综合平衡的一些问题[J]．经济研究,1979(4).

[99]刘国光．我国宏观调控的演变[J]．经济研究参考,2004(5).

[100]刘国光．分好蛋糕比做大蛋糕更困难[J]．江淮论坛,2010(11).

[101]刘国光．收入分配的核心问题是贫富差距扩大[J]．前线,2011(12).

[102]刘国光．谈谈政府职能与财政功能的转变[J]．宏观经济研究,2003(10).

[103]刘国光．再谈财政货币政策的一些问题[J]．当代经济,2002(12).

[104]刘凡．试析布哈林国民经济综合平衡发展理论[J]．山东东大学学报(人文社会科学版),2002(2).

[105]陆百甫．关于国民经济价值量平衡的几个问题[J]．管理世界,1987(6).

[106]骆耕漠．关于有计划(按比例)发展规律的几点研究[J]．经济研究,1961(11).

[107]罗季荣．马克思扩大再生产公式在国民经济综合平衡中应用的研究[J]．中国经济问题,1983(1).

[108]廖明球．关于投入产出模型的探讨[J]．统计研究,1990(10).

[109]陆前进．本世纪最后一位经济学奖获得者——蒙代尔的主要成就及其理论评述[J]．国际金融研究,1999(11).

[110]罗嗣红．马克思的宏观经济均衡理论与凯恩斯总体经济均衡理论的比较[J]．中南财经大学学报,1996(5).

[111]刘卫平．经济社会发展综合规划,向西开放推进欧亚战略,中国经济再平衡路径[J]．人民论坛,2013(4).

[112]梁文森．关于财政、信贷、物资平衡的若干问题[J]．经济研究,1961(10).

[113]刘志彪等．论投资的调节机制[J]．改革,1986(10).

[114]刘伟,平新乔．平衡与非平衡——布哈林与普列奥布拉任斯基之争[J]．经济学家,1989(2).

[115]刘伟,方兴起．马克思社会资本再生产理论的再认识——基于均衡与非均衡的一种解析[J]．当代经济研究,2013(4).

[116]宁刚．陈云综合平衡思想与中国经济现代化[J]．锦州师范学院学

报(哲学社会科学版),1997(10).

[117]庞明川．改革开放四十年来中国特色宏观调控理论的创建[J]．东北财经大学学报,2018(11).

[118]钱伯海等．国民经济平衡范畴的几个问题[J]．中国经济问题研究,1984(9).

[119]尚福林．从有效控制总需求看货币政策和财政政策的衔接[J]．金融研究,1987(10).

[120]宋海儆等．“大跃进”期间毛泽东对社会主义经济建设的探索与总结[J]．党的文献,2009(2).

[121]宋瑞礼．中国宏观调控40年:历史轨迹与经验启示[J]．宏观经济研究,2018(12).

[122][苏]斯·列昂诺夫．布哈林著作中的经济理论问题[J]．程兴摘译．经济科学,1988(10).

[123]宋小川．论西方主流经济理论的三大缺陷[J]．马克思主义研究,2017(6).

[124]沈立人．对外贸易、外汇收支与国民经济的综合平衡[J]．中国经济问题,1982(5).

[125]沈立人．在调整的实践中推进计划经济的理论研究——评介《国民经济综合平衡的若干理论问题》[J]．经济与管理研究,1982(8).

[126]施密特．国民经济综合平衡计算工作[J]．计划经济研究,1984(5).

[127]孙国徽．布哈林经济哲学思想的核心——平衡论再认识[J]．社会科学辑刊,2006(4).

[128]孙冶方．介绍苏联国民经济平衡统计工作[J]．统计工作,1957(10).

[129]孙冶方．谈谈搞好综合平衡的几个前提条件[J]．经济研究,1981(3).

[130]唐寿宁．社会主义经济均衡与非均衡理论研讨会综述[J]．经济学动态,1991(7).

[131]陶增骥．从我国历史经验看国民经济综合平衡中的几个问题[J]．财政研究,1981(3).

[132]王国民．国民经济综合平衡思想应该发展[J]．经济研究,1987(7).

[133]王家芬等．建国后毛泽东经济建设思想探析[J]．求实,2009(12).

[134]王梦奎．比例·计划·速度[J]．经济研究,1980(6).

[135]王志伟.20世纪西方宏观经济学的发展演变论要[J]. 福建论坛(人文社会科学版),2001(4).

[136]乌家培. 谈宏观调控的综合协调[J]. 经济导刊,1992(7).

[137]卫兴华等. 流通领域中计划经济与市场调节相结合问题的思考[J]. 商业经济研究,1990(8).

[138]卫兴华,魏杰等. 国家调节市场,市场引导企业的运行过程和作用原理[J]. 江西社会科学,1988(4).

[139]吴易风. 陈云的综合平衡理论及其现实意义[J]. 马克思主义研究,2005(3).

[140]吴易风. 综合平衡理论——珍贵的经济理论遗产[J]. 高校理论战线,1996(5).

[141]薛暮桥. 调整国民经济,搞好综合平衡[J]. 经济研究,1981(3).

[142]项镜泉. 十年来综合平衡与经济结构问题的思考[J]. 中国人民大学学报,1990(6).

[143]许国林.20年来布哈林问题研究述要[J]. 洛阳大学学报,2000(9).

[144]许毅."国家分配论"的产生和发展[J]. 财政研究,1995(6).

[145]萧灼基. 重读马寅初先生的《综合平衡论》——兼论国民经济调整工作[J]. 北京大学学报(哲学社会科学版),1980(3).

[146]谢伏瞻. 改革开放以来我国宏观调控的实践和理论创新[J]. 经济研究,2011(6).

[147]谢伏瞻,柳斌杰,马建堂,厉以宁,赵人伟. 中国经济发展成就、机遇与挑战——纪念中国共产党成立90周年笔谈[J]. 经济研究,2011(6).

[148]鄢一龙. 马云所说的计划经济,和陈云说的是一回事儿吗?[EB/OL]. 观察者网, http://www.guancha.cn/ZuoYiLong/2017_06_17_413716.shtml,2017-06-17.

[149]杨坚白. 按比例发展规律与价值规律[J]. 经济研究,1959(3).

[150]杨坚白. 关于国民经济平衡的几个争论问题[J]. 江汉学报,1964(4).

[151]叶景哲等. 运用唯物辩证法正确组织国民经济平衡工作——论国民经济综合平衡的一般方法论问题[J]. 政治与经济,1959(9).

[152]杨敏. 均衡:古代宏观经济管理的主导原则[J]. 上海经济研究(双月刊),1989(2).

[153]叶坦. 重写学术史与"话语体系"创新[J]. 经济学动态,2014(10).

[154]叶坦．经济学寻根[J]．中国社会科学,1998(4).

[155]叶坦．“均贫富”思想的历史演变[J]．中州学刊,1991(12).

[156]叶坦．司马光的财政管理思想[J]．晋阳学刊,1986(3).

[157]叶祥松．马克思的经济均衡和非均衡理论是宏观调控的理论基础[J]．中州学刊,1999(4).

[158]叶世昌．论研究中国古代的宏观管理思想[J]．南京政治学院学报,1988(6).

[159]尹世杰．学习马克思关于国民经济平衡的理论[J]．湘潭大学社会科学学报,1983(7).

[160]尹世杰．试论国民经济平衡规律[J]．经济评论,1992(3).

[161]于海军．一部研究国民经济综合平衡理论的开拓性著作——《综合平衡论》评介[J]．经济纵横,1988(10).

[162]余三定．学术史:“研究之研究”[J]．北京大学学报(哲学社会科学版),2005(5).

[163]余三定．当代学术史研究:新兴的学科[J]．中山大学学报(社会科学版),2011(2).

[164]岳巍．关于国民经济综合平衡的几个问题[J]．经济研究,1964(7).

[165]岳巍等．中国的国民经济综合平衡统计[J]．统计研究,1988(6).

[166]邹东涛等．论国民经济的非平衡增长[J]．理论导刊,1991(9).

[167]张凤翱．陈云“经济稳定”思想略论[J]．南京理工大学学报(社会科学版),2006(10).

[168]张朝尊,曹新．马克思关于宏观调控理论基础问题的研究[J]．中国人民大学学报,1995(4).

[169]赵世刚．“大跃进”和国民经济调整时期陈云经济思想及其意义[J]．当代中国史研究,2005(5).

[170]赵靖．庶富关系论——中国传统人口思想的核心[J]．财经问题研究,1995(10).

[171]赵仲九等．开拓新经济统计学科的新成果——读钱伯海著《国民经济综合平衡统计学》[J]．中国经济问题研究,1984(5).

[172]曾博文．习近平“信仰观”初探[J]．学习月刊,2017(9).

[173]曾启贤等．建立中国宏观经济控制理论的重要途径——评黄达著《财政信贷综合平衡导论》[J]．中国社会科学,1986(10).

[174]曾启贤．微观经济学的均衡与失衡[J]．经济学家,1989(10).

[175]曾晓洋．论市场经济体制下中心城市物资综合平衡[J]．中南财经大学学报，1998(4)．

[176]郑异凡．论布哈林的社会主义经济建设思想[J]．世界历史，1984(4)．

[177] R. F. Harrod. Toward a Dynamic Analysis [M]. London: Macmillan, 1948.

[178]Say. A Treatise on Political Economy[M]. Philadelphia:1803.

[179]Smith. Adam. An Inquiry into the Nature and Causes of the Wealth of Nations[M]. London:T. Nelson and Sons,1868.

[180] Stanley L. Brue and Randy R. Grant. The Evolution of Economic Thought (8th edition)[M]. South-Western,Cengage Learning,2013.

[181]Evsey D. Domar. Expansion and Employment[J]. American Economic Review 37(March 1947).

[182] Hicks J. R. Mr. Keynes and the Classics: A Suggested Interpretation [J]. Econometrica,1937(4).

[183]Ireland P. N. A method for taking models to the data[J]. Journal of Economic Dynamics and Control,1987.

[184]Kydland F. ,Prescott E. The Computational Experiment: An Econometric Tool[J]. Journal of Economic Perspectives,1996,10(1).

[185]Olivier Blanchard. Do DSGE Models Have a Future? [J]. Peterson Institute for International Economics,2016(8).

后 记

本书从确定选题到最终完成，历时三年多。期间，经历了不断地查阅补充文献，搜集资料，整理归类，梳理思路，修正完善，反复推敲、论证。整个写作过程是在中央财经大学林光彬教授的悉心指导和启发下进行的，期间得到了杨运杰教授理论深度、文献的范围以及研究方法等方面的有益指导。此外，齐兰教授、冯春安教授、赵丽芬教授、尹志峰教授、严成樑教授、韩金华教授对本书的内容、结构框架等都提出了宝贵的建议，在此一并致谢。同时，本书是在前人的研究的基础上完成的，要感谢这些从未谋面的文献作者，他们的研究让我得以站在巨人的肩上继续前行。还要感谢对本书提出匿名评审建议的专家学者们，感谢中国人民大学的邱海平教授、谢富胜教授，北京大学的方敏教授，中央财经大学的高伟教授、张苏教授、赵文哲教授的宝贵修改建议，使本书得以进一步完善。由于所掌握的文献、信息材料的有限性，笔者投入本书中的精力以及融会古今中外的能力有限，书中难免存在缺点、谬误，希望学术界同仁和读者批评指正，帮助我成长，激励我进步。

本书的出版得到内蒙古财经大学学术著作出版资金的独家支持，在这里十分感谢内蒙古财经大学尤其是经济学院的领导、同事们对我的关心和大力支持。

最后，还要感谢我的家人。仅以此书献给生育我的父母，他们不仅给了我生命，还用勤劳、朴实的生活经历塑造了我坚韧不屈、迎难而上的性格，得以从容应对工作、学习、生活中遇到的困难和挫折。感谢妹妹拓志鹏和拓志红一直以来对我义无反顾的帮助和支持，帮我照看孩子，解除我的后顾之忧。感谢我的爱人赵紫明先生的理解和全力支持，让我能安心从事研究。感谢可爱的儿子——赵拓，他的懂事和对妈妈广博的爱让我备感母亲责任的重要，激励我顺利完成本作品。

拓志超

2020. 3